新しい教職教育講座 教科教育編 ⑩
原 清治／春日井敏之／篠原正典／森田真樹 [監修]

初等外国語教育

湯川笑子 [編著]

ミネルヴァ書房

新しい教職教育講座

監修のことば

　現在，学校教育は大きな転換点，分岐点に立たされているようにみえます。
　見方・考え方の育成を重視する授業への転換，ICT 教育や特別支援教育の
拡充，増加する児童生徒のいじめや不登校への適切な指導支援，チーム学校や
社会に開かれた教育課程を実現する新しい学校像の模索など。切れ間なく提起
される諸政策を一見すると，学校や教師にとって混迷の時代に突入しているよ
うにも感じられます。
　しかし，それは見方を変えれば，教師や学校が築き上げてきた地道な教育実
践を土台にしながら，これまでの取組みやボーダーを超え，新たな教育を生み
出す可能性を大いに秘めたイノベーティブな時代の到来ともいえるのではない
でしょうか。教師の進むべき方向性を見定める正確なマップやコンパスがあれ
ば，学校や教師の新たな地平を拓くことは十分に可能です。
　『新しい教職教育講座』は，教師を目指す学生や若手教員を意識したテキス
トシリーズであり，主に小中学校を対象とした「教職教育編」全13巻と，小学
校を対象とした「教科教育編」全10巻から構成されています。
　世の中に教育，学校，教師に関する膨大な情報が溢れる時代にあって，学生
や若手教員が基礎的知識や最新情報を集め整理することは容易ではありません。
そこで，本シリーズでは，2017（平成29）年に告示された新学習指導要領や，
今後の教員養成で重要な役割を果たす教職課程コアカリキュラムにも対応した
基礎的知識や最新事情を，平易な表現でコンパクトに整理することに心がけま
した。
　また，各巻は，13章程度の構成とし，大学の授業での活用のしやすさに配慮
するとともに，学習者の主体的な学びを促す工夫も加えています。難解で複雑
な内容をやさしく解説しながら，教職を学ぶ学習者には格好のシリーズとなっ
ています。同時に，経験豊かな教員にとっても，理論と実践をつなげながら，
自身の教育実践を問い直し意味づけていくための視点が多く含まれた読み応え
のある内容となっています。
　本シリーズが，教育，学校，教職，そして子どもたちの未来と可能性を信じ
ながら，学校の新たな地平を拓いていこうとする教師にとって，今後の方向性
を見定めるマップやコンパスとしての役割を果たしていくことができれば幸い
です。

監修　原　　清　治（佛教大学）
　　　春日井敏之（立命館大学）
　　　篠　原　正　典（佛教大学）
　　　森　田　真　樹（立命館大学）

は じ め に

　2020年実施に向けて告示された新学習指導要領（本書では2017年告示の学習指導要領を新学習指導要領と呼ぶ）において，外国語はとくに大きな変化を遂げた教科・領域である。本書は，その変化を正しく受けとめて新学習指導要領にそった外国語・外国語活動の授業が実施されるようにという願いを込めて，小学校で指導を担当する人のために編纂した。

　児童には，生まれて初めて学ぶ英語と，「幸せな出会い」をしてほしいと心から願う。言語は人間にとって最も自然なコミュニケーションのツールであることから，少なくとも日常生活で使う基本的な言語はそれが何語であっても，言語環境さえ整えば誰にでも習得可能なのである。インプットやインタラクションの少ない英語教育の所為で，自分の英語は通じないとか，英語は難しい科目だと信じこんで英語嫌いになってしまう日本人英語学習者をこれ以上つくりたくない。

　今回の学習指導要領の改訂では，必修の外国語活動が３・４年に設置され（年間35時間），５・６年の外国語は教科となった（年間70時間）。今回，読むこと書くことの指導が新しく入ったことや，時間数が増えることで個人差が広がらないように積み重ねを確実にすることなど，担当者にとって大きな課題が生まれた。新たな指導内容に習熟し，かつ初めて取りくむ課題も克服すべく，担当者および関係者には研鑽を積んでほしいと願う。

　本書は，小学校教員養成課程の中の小学校英語の指導法科目で，１学期15回のうち，13回分の授業で１章ずつ使用されることを想定して編纂した。ただし指導法の授業では，実際の教材を使用してマイクロ・ティーチングをしたり，指導案を書いて45分の授業を体験したり，などといった実習も伴うことから，受講者の人数や知識などを勘案して適宜柔軟に組み合わせて使用してほしい。また本書は，大学の授業にかかわらず，小学校の校内研修，個人の研鑽用とし

i

てもぜひ活用していただきたい。

　以下に全13章の概要を述べる。まず第1章は日本の小学校で英語を教えることの意義と責務，制限と利点について明らかにする。第2章ではこの日本での状況を世界の中で，ことに東アジアの教育行政という大きなコンテクストの中で考える。第3章では，外国語教育の最大のねらいであるコミュニケーション能力とは何かを解説する。第4章では，文部科学省が定めている外国語活動と外国語科のカリキュラムを理解し，そのうえで自治体や学校ならではの特色あるカリキュラムのつくり方について提示する。第5章では，教室での英語指導のノウハウを学ぶ前に，担当教員が身につけておかねばならない英語力の中身を定義する。未来の小学校英語担当者には，この章を学習した後，指導法と並行して英語力向上に努力してほしい。

　第6章，第7章は，それぞれ，低中学年の指導法と高学年の指導法について解説し，続く第8章では，今回の学習指導要領の改訂に伴って新しく導入された，読むことと書くことの指導の方法について詳細を述べる。さらに第9章では教材の使い方，第10章ではインプットとして先生が聞かせるティーチャー・トークの技術について詳解した。

　第11章では，この頃には学んだことを応用して模擬授業などの実習が始まることを想定して，1時間の組み立てについて詳解し，第12章では評価について解説した。第13章では卒業後児童らが進む中学校との連携について様々な可能性を考えた。これらを参考にしつつ，各学校現場でできることを考えていってほしい。最後に，本書の編集には加藤志帆氏，および秋道さよみ氏に大変お世話になった。この場をかりて感謝の意を表したい。

編者　湯川笑子

目 次

はじめに

第1章 小学校外国語教育のねらいと意義⋯⋯⋯⋯⋯ 1

1 小学校外国語教育設置の経過とねらい ⋯⋯⋯⋯⋯ 1

2 外国語習得の特徴とそこから得られる示唆 ⋯⋯⋯⋯ 7

3 ねらいの実現のために小学校英語教育担当者が心がけるべきこと ⋯⋯ 13
　　——設定されたねらいの特徴の理解と実現

第2章 海外の実践から見えてくる小学校英語教育の課題⋯⋯⋯ 15

1 海外の小学校英語教育事情 ⋯⋯⋯⋯⋯⋯⋯ 15

2 アジア主要国の実践が示す課題 ⋯⋯⋯⋯⋯⋯ 21

第3章 英語コミュニケーション能力⋯⋯⋯⋯⋯⋯⋯ 31

1 コミュニケーション能力の要素 ⋯⋯⋯⋯⋯⋯ 31

2 外国語を教室で教えるときに実現できるコミュニケーション ⋯⋯⋯ 36

**第4章 小学校外国語教育・外国語活動の
カリキュラムと指導内容**⋯⋯⋯⋯⋯⋯⋯ 46

1 基本となるカリキュラム ⋯⋯⋯⋯⋯⋯⋯⋯ 46

2 学校ごとのカリキュラム ⋯⋯⋯⋯⋯⋯⋯⋯ 51

3 特色あるカリキュラム ⋯⋯⋯⋯⋯⋯⋯⋯ 53

第5章 指導者に必要な基礎的な英語力⋯⋯⋯⋯⋯⋯ 58

1 小学校の指導者に必要な基礎的な英語力とは何か ⋯⋯⋯⋯ 58

2 発音・プロソディ ⋯⋯⋯⋯⋯⋯⋯⋯⋯⋯ 59

3 語彙・文法 ⋯⋯⋯⋯⋯⋯⋯⋯⋯⋯⋯⋯ 62

4 話す力 ……………………………………………………………………………… 67

第6章　低中学年の指導 ………………………………………………………… 72

1 低中学年で身につけたい資質や能力と活動例 ………………………… 72

2 45分の授業の組み立て方と指導方法 …………………………………… 83

第7章　高学年の指導の実際 ………………………………………………… 88

1 高学年で身につけたい資質や能力と活動例 …………………………… 88

2 45分の授業の組み立て方と指導方法 …………………………………… 96

第8章　小学校外国語教育での読み書き指導 ………………………… 101

1 小学校外国語教育における読み書き指導の目標と内容 …………… 101

2 読み書き指導のステップと具体的な指導 …………………………… 106

3 読み書きの発達を丁寧に見取る ……………………………………… 112

第9章　教材と ICT など教具の選択，使用，作成 ……………… 115

1 様々な教材と使用目的 ………………………………………………… 115

2 選択・作成のポイント ………………………………………………… 119

3 教材の効果的な使い方の具体例 ……………………………………… 123

第10章　ティーチャートーク ……………………………………………… 130

1 教師が英語で話す意義と方法 ………………………………………… 130

2 活動場面ごとのティーチャートークの特徴 ………………………… 132

3 ティームティーチング ………………………………………………… 140

第11章　1時間の授業の組み立てと指導案作成 ……………………… 145

1 外国語の授業構成 ……………………………………………………… 145

2 指導案作成のポイント ………………………………………………… 150

目　次

第12章　外国語・外国語活動における評価……………………………………159

1　何のために評価するのか……………………………………………………159

2　どのように評価をしていくのか……………………………………………163

3　これから求められる評価のあり方…………………………………………169

第13章　小中連携，校内研修，継続的な自己研修について…………174

1　小中連携のポイントと実際…………………………………………………174

2　校内研修の取り組み方………………………………………………………179

3　継続的な自己研修のために…………………………………………………183

小学校学習要領（抄）

索　　引

<table>
<tr><td>第1章</td><td>小学校外国語教育のねらいと意義</td></tr>
</table>

この章で学ぶこと

　この章では，日本における小学校外国語教育の導入の経過を振り返り，2020年度から全面実施される学習指導要領における外国語教育の目標を理解する。また，人が外国語を学ぶときのメカニズムと，そこから日本の学校教育において小学校英語指導へ生かせる知見を理解する。小学生の発達段階のために生じる言語習得上の特色，また，現在の日本の社会的状況の中で小学生に英語を教える場合の制限と責務とを理解する。これからの小学校外国語教育の中で，自分ができることは何なのかを考える。

1　小学校外国語教育設置の経過とねらい

（1）小学校外国語教育について学ぶために

　本書を手にしたあなたは，「小学校英語」についてどのようなイメージをもっているだろうか。現在初等教員養成課程を学んでいる人は，多くが20歳前後の大学生なので，すでに何らかのかたちで少しは小学校での「英語活動」または「外国語活動」を経験しているはずである。したがって，自分の経験から，小学生が英語を習うのは他の学習事項と同じで，全国どこでもやっている当たり前のことだと受け止めているかもしれない。しかし，日本で初めて公立小学校で英語授業が試行され始める1992（平成4）年頃から外国語活動が必修になる2011（平成23）年までの約20年間，日本では小学校で英語を教えることの是非についてずいぶんと議論が戦わされた。

　多くの議論を経て，国の教育行政として結論に達した現在（2018年）以降では，実践をどう進めるかに注力すべきであって小学校英語導入の議論の歴史を

つぶさに知る必要はない。ただ，本書の最初の章として，小学校での外国語教育のねらいと意義に触れておきたい。本章ではそうした議論の主なものを振り返り，その教訓を土台として，日本の小学校教育方針の現時点での到達点を確認することにしたい。

（２）小学校外国語教育の意義と導入に関する議論

小学校外国語教育導入の歴史的な経過のうち，とくに重要だと思われることを表1-1にまとめた。交通手段の向上，インターネットの普及，教育や経済を含むあらゆる分野で国の垣根を越えた国際的な活動の隆盛につれて，2000（平成12）年前後より世界の各地で外国語としての英語教育が低年齢化した。アジア諸国の事情については第2章で詳しく取り上げるが，おおむね2000年前後に中国，台湾，韓国なども，試行的な時期を経て小学校英語教育の教科化に踏み切っている。たいていの場合，小学3年生以降で必修教科として，週2～3

表1-1　小学校外国語教育導入の歴史的経過に関する重要事項

年	できごと
1992年 （平成4年）	大阪市立の小学校2校が公立小学校として初めて，国際理解教育の一環としての英語指導をする研究指定校に指定された
2002年 （平成14年）	学習指導要領の改訂により，「総合的な学習の時間」設置（週3時間，3～6年生）。その中で扱うこととされたテーマの一つである「国際理解」の一環として，「外国語会話等」を取り入れてもよいとなった。全国的に英語もしくはその他の外国語活動が可能となった
2009年 （平成21年）	小学校で外国語活動を行うときに使用する教材として文部科学省が『英語ノート1，2』という名称の教材を作成し，全国の希望する小学校に配布。2011年から外国語活動が必須になることを念頭に，全国で使用された
2011年 （平成23年）	学習指導要領の改訂により，5・6年生について，教科ではないが新たな学習「領域」として週1時間の「外国語活動」が必修化。文部科学省は『Hi, friends! 1,2』（『英語ノート1，2』の改訂版）を，希望する小学校に配布
2020年	学習指導要領の改訂により，5・6年生については週2時間相当の（教科としての）「外国語」を，3・4年生については，週1時間の「外国語活動」を開始。2018年と2019年についてはその移行期間とした。文部科学省はこの2年間に使用するための共通教材『We Can! 1,2』と『Let's Try 1,2』を準備。2020年からは，各教科書会社が5・6年生用の英語の教科書を発行する

出典：2002年，2011年，2020年施行の各学習指導要領をもとに筆者作成。

第 1 章　小学校外国語教育のねらいと意義

時間を配当して教えるというのが標準的である。

　日本でも，英語教育の改善の一つの手立てとして小学校での授業導入を提言した1986（昭和61）年の臨時教育審議会答申を皮切りに，表 1 - 1 でまとめたような経緯をたどって2020年の小学校英語教科化に至った。先述のアジア諸国と比べると約20年遅れの開始である。

　先進技術の獲得や経済活動のために世界的に使用される言語を習得するのはどの国の国民にとっても必要なことである。たとえば，ヨーロッパ諸国の多くの人々のように，自国の人口が少なく，生活の必要性のために他国との行き来が頻繁な場合には，使用度の高い言語から順に「使うため」に外国語を学ぶ。

表 1 - 2　小学校英語教育導入の是非に関する議論の主なもの

	導入に慎重な立場からの意見・懸念	対する回答・反応
脳への影響	母語習得期の小学生期から 2 つの言語に触れると脳に負担で悪影響があるのではないか	2 言語以上を使用しながら育つ子どもは世界的には多数派である。多言語使用自体が脳に悪影響を与えることはない
母語である国語力への影響	母語習得期の小学生期なので，母語の発達に悪影響があるのではないか。母語習得にもっと時間を割くべきだ	全授業の大半を第 2 言語で行うならば，学ぶ期間，カリキュラム，教授法によっては悪影響があり得るが，週数時間ではその心配はない。ただ，英語は2018年度までの教員養成課程にはなかった科目なので，教員が英語の授業準備にかける時間や労力は大きな負担である
早期開始の効果	早くから英語学習をすると本当に英語力が上がるのか疑問	年齢の低い言語学習者の習得速度は年長者より遅いため，知識・技能の習得には効率が悪い。ただ，帰納的な学びは得意。小学校での学習は，中高の学習時間に上乗せとなるので総学習時間は増える
指導体制の問題	小学校教員では英語の指導が十分にできず，小学校には英語専科の教員も少ないので適切に指導できない	諸外国に比べて担当者の英語力が低く，研修も不十分。しかし文部科学省，地方自治体などが各種研修を提供。2016～17年度には文部科学省の要請により現職の小学校教員が中学英語の二種免許を取得しやすいプログラムが整備された
英語を選択すること	英語という一つの個別言語を教えることを目的にせず，多くの言語に触れさせて言語や文化への気づきを促すことをねらいにすべき	2011年施行の学習指導要領では，小学校での学びが中学校へ連携されるよう，外国語活動は英語で統一的に行うことと明記された

出典：筆者作成。

3

しかし，島国で一定の人口と経済力がある日本では，そうしたニーズを実感する人がまだ少なく，小学校段階で英語を教えることに多くの意見や懸念が長い間表明され議論されてきた。その懸念の具体例とそれに対する学術的な回答や小学校英語教育開始後の学校現場を中心とした反応を表1-2にまとめた。

　時が経つにつれて，小学生が学校で英語を学ぶ様子もあちこちで観察されるようになり，1週間に1～2時間程度の授業では，児童らにとくに悪影響がないことが知られるようになった。1990年代にはまだ世界で小学校英語教育が本格的に開始されていなかったため，小学生期の外国語としての英語（English as a foreign language；EFL）習得については資料が不十分で，移民児童の現地語（第2言語）としての英語（English as a second language；ESL）習得データの知見をもとに，EFLの場合を想像するしかなかった。しかし，2000年代に入ると，ヨーロッパのデータを中心にEFLの知見も知られるようになり，小学生が学校で英語を学ぶことに対して，非現実的で過大な期待をもつのではなく，適切なねらいをもち，教授法を開発できるようになってきた。

（3）2020年以降の学習指導要領下で定められた小学校英語教育

　第2項でまとめた議論を経て，2017（平成29）年3月に新学習指導要領が告示された。『小学校学習指導要領解説 外国語編』（5～6頁）によると，今回の小学校外国語教育の改訂の理由は次の4点である。まず①グローバル化時代に対応するためのコミュニケーション力向上，②4技能（聞く，読む，話す，書く）を総合的に育成するねらい，③これまで音声中心で学んだことが中学校以降に生かせていないことの反省，④高学年に意欲が欠如していることの反省がそれである。このようなねらいと反省に基づいて，新学習指導要領では中学年から外国語活動を導入し，話すことと聞くことを中心にした活動で外国語に慣れ親しませた後，高学年では4技能をすべて扱う「教科」としての外国語科を設置した。（学習指導要領は付録として巻末に付記してあるので参照されたい。）

　次の表1-3に示すように，教科としての「外国語」の目標は，包括的な目的の定義の後に，3つの観点に分けて細目のねらいが書かれている。これは，

第1章 小学校外国語教育のねらいと意義

今回の学習指導要領の改訂で，全教科を通してねらいの観点としている3つの資質・能力，つまり，「知識及び技能」，「思考力，判断力，表現力等」，「学びに向かう力・人間性等」に対応している。「知識及び技能」に対応するねらいとしては，言語構造（発音，文字，語彙，文法）に関する基礎的な知識の理解とそれを活用する技能の育成をあげている。「思考力，判断力，表現力等」を，ツールとしての側面が大きい外国語教育でどう実現するかははなはだ難しいところではあるが，新学習指導要領では，それを，目的・場面・状況に応じた言語使用であると定義している。「学びに向かう力・人間性等」に対応するねらいは，学んだことを生かして社会や世界と関わって自分を生かしていける資質・能力を指すが，外国語という教科（活動）の中で実現するときには，コミュニケーションをとる相手の文化理解と，それに基づいた相手への配慮，コミュニケーションへの態度を養うことであるとしている。（表1-3の学習指導要領の目標を参照されたい。）

　2011年開始の学習「領域」としての外国語活動や，2020年以降の3・4年で実施する外国語活動と，教科としての「外国語」が明らかに異なる点や特徴と

表1-3　外国語の目標

第1　目標
外国語によるコミュニケーションにおける見方・考え方を働かせ，外国語による聞くこと，読むこと，話すこと，書くことの言語活動を通して，コミュニケーションを図る基礎となる資質・能力を次のとおり育成することを目指す。
(1)　外国語の音声や文字，語彙，表現，文構造，言語の働きなどについて，日本語と外国語との違いに気付き，これらの知識を理解するとともに，読むこと，書くことに慣れ親しみ，聞くこと，読むこと，話すこと，書くことによる実際のコミュニケーションにおいて活用できる基礎的な技能を身に付けるようにする。
(2)　コミュニケーションを行う目的や場面，状況などに応じて，身近で簡単な事柄について，聞いたり話したりするとともに，音声で十分に慣れ親しんだ外国語の語彙や基本的な表現を推測しながら読んだり，語順を意識しながら書いたりして，自分の考えや気持ちなどを伝え合うことができる基礎的な力を養う。
(3)　外国語の背景にある文化に対する理解を深め，他者に配慮しながら，主体的に外国語を用いてコミュニケーションを図ろうとする態度を養う。

出典：文部科学省 2017年告示『小学校学習指導要領 外国語編』。

すべき点は次の通りである。

　(1)　読み書きを含む４技能すべてを扱っている。

　(2)　ねらいの文章の終わりが「慣れ親しむ」ではなく，「身に付ける」など
　　　となっており，言語能力や技能の定着を求めている。

　ただし，このねらいや，その後の具体的な技能の指導の記載にもあるように，読み書きに関しては「音声で十分に慣れ親しんだ」という但し書きがついており，慎重に進めることが期待されている。

　扱う語彙や文法項目などについても，2011年以降実施の外国語活動より高度化している。実際に英語を使って何ができるようになることを目指しているのかについて知るには，指導要領よりも，2017（平成29）年６月以降に文部科学省のウェブページ上で公開され，その後もアップデートされているカリキュラムを見たほうがイメージが湧きやすい（2018年３月現在，教材，年間指導計画例，活動例がダウンロード可能）。詳細については，第５章，第６章，第７章で学んでほしい。

　次に，３・４学年で必須となった「外国語活動」のねらいを見てみよう。こちらは，2011年から高学年で実施していたときと同じく，教科ではない学習領域という枠組みの中で，将来高学年で学ぶ教科としての「外国語」に備えて，英語に慣れ親しむことがねらいとなっている。表１-４に学習指導要領に記載されているねらいを転載した。

表１-４　外国語活動の目標

第１　目標
外国語によるコミュニケーションにおける見方・考え方を働かせ，外国語による聞くこと，話すことの言語活動を通して，コミュニケーションを図る素地となる資質・能力を次のとおり育成することを目指す。
(1)　外国語を通して，言語や文化について体験的に理解を深め，日本語と外国語との音声の違い等に気付くとともに，外国語の音声や基本的な表現に慣れ親しむようにする。
(2)　身近で簡単な事柄について，外国語で聞いたり話したりして自分の考えや気持ちなどを伝え合う力の素地を養う。
(3)　外国語を通して，言語やその背景にある文化に対する理解を深め，相手に配慮しながら，主体的に外国語を用いてコミュニケーションを図ろうとする態度を養う。

　出典：文部科学省 2017年告示『小学校学習指導要領 外国語活動編』。

高学年の教科としての「外国語」と異なる点や留意すべき点は次の通りである。

(1) 4技能のうち，聞くことと話すことを扱う。

(2) ねらいの文章の終わりが「慣れ親しむ」や「素地を養う」となっており，外国語の知識及び技能の定着を目標にしていない。

以上，小学校英語における中学年と高学年のねらいの違いを踏まえ，段階的に指導していくことが重要である。

2　外国語習得の特徴とそこから得られる示唆

（1）第2言語習得のメカニズム

通常母語の日常会話能力は，当人が特別に自覚的に努力しなくても身につく。人が親（あるいは親以外の養育してくれる人）の言葉や住んでいる地域で話されている言葉を学ぶメカニズム（以後，第1言語という意味で「L1」習得と呼ぶ）については様々な理論が提唱されている。主な理論に次のようなものがある。(1)言語習得は後天的な「刺激—反応—強化の過程」の結果だとする行動主義言語学による説明，(2)他の学びとは異なる言語独自の知識の土台となるもの〔個別文法のもととなる普遍文法（Universal Grammar)〕を人は生まれながらにもっており，それが外界の個別言語の刺激によって稼働するという生得的考え方，(3)言語習得は生得性と環境の両方が関与し，子どもは自分の周りに存在するものや刺激から概念と言語を発見していくとする認知言語学的説明がそれである（小林・佐々木, 1997, 2007, 今井, 2013）。

子どもがL1を学ぶことは，自分の周りにあるすべてのもの，そのメカニズムおよび，それらと自分の関係も言語と一緒に理解していく大事業である。しかも，その基本的な部分を就学前には学んでしまう。ただ，無意識に学ぶ部分が多いとはいっても，フォーマルで正しい言葉づかいを会得したり，日本語の場合，2つ以上の漢字で表される漢語を含む多くの新たな語彙を学んだりするには学校教育で学習する必要がある。したがって，学習の側面が入ると他の教科同様個人差が生じてくる。

第2言語，第3言語というように，第1言語より少し後に習得することになった言語（以後，総称して「L2」と呼ぶ）の習得の場合には，すでにL1を通して言葉が表す概念や知識については得ているため習得は容易な面もある。しかし他方で，L2習得では学習者ごとに学習条件が多様なので，L1より多くの要因が関与し，最終的な習得度合いにもばらつきが大きい。その言語を学ぶことの意欲，自分のL1と学びたいL2の言語的類似性，学びたいL2に触れる機会，教師が提供する言語運用体験や知識の内容，言語学習開始年齢と総学習時間，学習者の言語学習の適性や学習意欲などがその主なものとしてあげられる。

　1970年代から連綿と続けられてきたL2習得の研究の知見から，外国語環境の中での小学校英語教育にも直接示唆を与えてくれると思える項目を抜き出して表1-5に示した。表1-5はL2習得について包括的にまとめてあるローデス（Lourdes, 2009）の第3章，第4章を参考に筆者が作成した。そのうち，（1），（5），（6）については，さらに説明を加えるが，引用元は同じくローデス（2009）である。

　まず，（1）のインプットについてである。外国語学習の教室で，対象とするL2に触れる機会，つまりL2のインプットと言語習得の関係については，1970年代より多くの研究がなされてきた。いまでは，学習者が理解可能なインプットをできるだけ学習者に触れさせるのがよいことは一般的に受け入れられている（Lourdes, 2009, pp. 59-60）。教師は，児童の「i＋1」の英語を提供できるように，話の前後関係がスムーズになるように工夫し，スライドやその他の教室内の視覚情報を使用すべきだということになる〔iはinterlanguage（中間言語）の略で，学習者がそのときもっている，学んでいる言語に関する知識の総和を指す〕。

　（5）のL1の影響については，先にも述べたように，L1はL2習得を促進したり，遅延させたりと，どちらにしても影響が大きい。しかも，L1の要因と絡み合うかたちで他の要素も関与することがわかっている。脳内の情報処理のしやすさ（例：否定文，疑問文をつくるときの語順変換の処理），ルールの効率化を図ろうとする認知作用（例：冠詞のルールをどのように簡略化して「自分なり

第1章　小学校外国語教育のねらいと意義

表1-5　L2習得の知見からの小学校外国語教育への示唆

項　目	L2習得研究の知見	小学校英語教育担当者への示唆
（1）インプット	豊富なi＋1，つまりiを少し上回るレベルのインプットがL2習得には不可欠	多少未知の語彙が含まれていても，視覚情報やコンテクストからの手掛かりを活用しながら英語でたくさん話す
（2）インタラクションと意味の交渉	i＋1の調整には，初めからやさしくしてしまうのではなく，学習者からの意味の確認要請（＝交渉）があってから調整するという学習者側からの主体的な働きかけがとくに効果的である	児童とインタラクションを取りながら話す
（3）アウトプット	アウトプットは英語のフォーム（発音，語彙，文法などのルール）の習得を促す	適宜レベルに合ったアウトプットを要求する
（4）言語フォームへの注意	言語フォームにまったく注意を払わず，コミュニケーションが成立すればよしとする人は，フォームを自然に習得はしない	コミュニケーションができることに主眼はおきつつも，フォームにも一定注目させる
（5）L1の影響	L1は，L2習得に影響を与える。他の要因と絡み合って複雑に関与する	とくに大きな影響を与えるものには注目して指導する
（6）学習タスクへの動機づけ	学習動機には，マクロな社会心理的なものだけでなく，授業で行う活動に関与し刻々と変わりうるミクロレベルでのものが考えられる。また，内発的な動機をもつ学習者は高レベルの学習成果を上げる	学習にできるだけ内発的動機をもって取り組めるように，活動前，活動中，活動後の工夫をする

出典：Lourdes，2009の第3章，4章を参考に筆者が作成。

の文法」として処理するか），言語ルールそのもののもつ普遍性（よくあるルールかユニークなルールか）などがあり，実際のところ，L1とL2が異なればすべての項目においてエラーが起こるとか習得が遅いといった単純なものではないことが知られている（Lourdes, 2009, pp. 31-54）。

　L1の影響のうち外国語指導者がとくに気をつけるべきなのは，影響が大きくて広範囲に及ぶ場合である。小学校英語教育で扱う項目に限っていえば，たとえば発音の母音挿入と冠詞の脱落がある。無意識に子音の後に母音が挿入されてカタカナ英語になる現象はよほど正しい抑揚の英語に慣れ親しませないと脱却できない。また冠詞については，小学校の慣れ親しむ段階で「細かい文法」に目くじらを立てるべきではないという議論があるが，冠詞の有無，つま

9

り，名詞を可算名詞として扱うか不可算名詞として扱うか，および，既知語であるか一般的な名詞かの違いは，決して細かくて無視してよいことではない。確かに three girls（3人の女の子）と言ったときの複数の s はあってもなくても意味に違いはないので「細かい文法」だが，chicken（物質名詞としての鶏，つまり鶏肉）と a chicken（一羽の鶏）とでは，聞いた人がイメージする物体が異なる。意味が大きく異なるからである。

（6）の学習タスクへの動機づけについても少し説明しておこう。ちなみにタスク（課題）とは，外国語学習で昨今よく使われる概念であり，英語を使って成し遂げる課題のことである。1990年代から動機研究は大きく発展し，多くの仮説や理論が提唱された。その中には，授業前，授業中，授業後の先生の指導に示唆を与えてくれるものもある（ドルニェイ著・米山他訳 2005）。

学習者の内発的動機づけについて説明した「自己決定理論」という理論がある（Ryan & Deci, 2000）。それによると，望ましい内発的な動機（とにかくそれが好きだからやりたい）という動機について，それを継続的に維持するためには，自発性と，達成できるという自己効力感および人とのつながりが必要だとする。英語の学習自体は自発的に児童に選んでもらうわけにはいかないし，語学学習の中には必要不可欠だがそう楽しいとは言えないドリル練習もある。ただ，授業で行う学習活動，交流活動，発表活動の内容の決定に際し児童に関与させたり選択肢を与えたりすることで自己決定権が確保できる。また，達成度を児童にとって現実的に可能なレベルに設定し，その達成を他の児童と喜び合うような仕組みをつくればよいということになる。授業で扱う活動やタスクの設定時に教訓とできる理論である。

このほかにも，Ｌ２習得研究では，社会的要因や認知プロセスから見た学習者言語の変遷について調べた研究や，言語習得と関与する脳の部位との関連，言語学習適性や個人差などの研究が進んでいるが，ここでは小学校英語担当者が教室で英語を教えることに関わって直接的教訓を引き出せるものに限って紹介した。言語習得全般に興味がある人は，章末の参考文献をさらに読み進めてほしい。

第1章　小学校外国語教育のねらいと意義

（2）年齢と外国語習得

　　L 2習得の分野で小学校英語と大きく関わるもう一つの要因が，学習開始年齢と習得の関係である。第2言語の学習者がネイティブ・スピーカー並みに言語を発達させるためには，若い時期の一定の期間内（つまり言語習得の「臨界期」）に始めていないといけないのか，あるいはそのような，何歳から何歳までの間といった明確に区切られた臨界期があるのではなくて，年齢が上がるにつれて人間の「成熟による制限」と関係があるなど，年齢と外国語習得に関して多くの研究が積み重ねられてきた。1960年代以降，主に移民を対象にした移住先の言語の習熟度を調べた研究が発表された。発音，語彙，形態素，統語法，語用論，文法正誤判断など，多岐にわたる調査の結果，一般的な傾向として，開始年齢と第2言語の最終到達レベルには関係があるという研究結果は頻繁に発表されている。しかし他方で，第二次性徴期を過ぎてから当該の言語に触れていながら，ネイティブ・スピーカーと見分けがつかないという例外的な学習者のケースも発表されている。また移住による言語習得を見る場合，開始年齢が若ければ若いほど，言語に触れている期間も長く，学校教育等で現地の学校に溶け込んで生活する可能性も高まり，本当のところ結果としての言語習得レベルの高さを，言語に触れた年齢と年齢以外の要因とを切り離して研究することが難しく，まだ議論は続いている。〔このテーマについて日本語でわかりやすく書かれた文献にバトラー（2015）があるので，参照されたい。〕

　　ただ，こうした移住先で現地語である英語を学ぶ状況（ESL 状況）に比べて，EFL 状況の場合，たとえば日本で外国語として英語を学ぶときには，開始年齢の他に，あまりにも影響の大きな要因が多々あるので，ESL 状況での臨界期仮説関連の研究結果とは一線を画して考えるべきである。日本では，1990年代から10〜15年程度，英語学習開始年齢による英語習得の差（小学校期に英語学習を始めた場合と中学校から始めた場合の比較）の研究が少し行われたが，どれもそれほど大きなデータではないため，結果は研究参加者の特色に左右され一様ではなかった（湯川，2004）。

　　EFL と年齢の関係の研究として特筆すべき研究に，スペインの「バルセロ

11

ナ年齢要因プロジェクト」がある（Muñoz, 2009）。この研究では，この地域で英語を学んだ者の，開始年齢が8歳，11歳，14歳，18歳以上と異なる4つのグループを追跡した。これらのスタートラインから同じ時間数だけ外国語学習をしたあとの習得状況を，200時間後，416時間後，726時間後に調べた結果，200時間のみならず，416時間，726時間の学習の後でも（発音に関しては差が見られなかったがその他の調査では），年齢の高い学習者の方が学習効率が良かったということが判明した。つまり「年長者は学ぶのが速い」ことがわかった。

　他方，同じ研究者が，開始年齢と学習時間のうちどちらが最終的な英語力と関係があるかを調べた研究がある（Muñoz, 2011）。スペインの大学生で，10年以上の英語学習歴があり30歳以下という条件を満たした162名が参加した。その結果，いつ始めたかではなく，どれだけの量の目標言語との接触があったのかが習得の決め手になると結論づけている。

　ここまでは，外国語習得研究を概観することで，年少者の外国語学習の意義に疑問を投げかけるような知見を提示してきた。しかし，年齢の低い学習者と年長者の学習者との差異は，学習スピードだけでない。両者は学びの方法も大いに異なる。学習者の年齢が低いほど，メタ言語的な理屈は苦手で，言語の伝えるメッセージ内容に注目して帰納的に語句や文章を身につける。逆に年齢が高い場合には，認知能力が高いので演繹的に理屈をツールとして言語を学んでいく傾向にある。当然帰納的な学習には時間がかかるが，言語は数学とは異なり理屈で片付けられない現象もあり（あるいは，理屈で説明しようとすると非常に複雑な場合もあり），帰納的に，広く使われている表現になじんで一つひとつ覚えるほうが確実な項目や現象もある。日本語母語話者の小学生の場合に，どの程度の学年でどのくらい明示的なルール学習にも耐えられるのかについては，今後の実践検証を待ちたい。

　総じて，これまで中学校からしか英語を教えていなかった時期には，帰納的に多くの良質なインプットを通して学ぶチャンスが少なく，オーラルでの英語の練習自体も少なかった。スピードは遅いけれども，自然な英語にたっぷり触れて帰納的に学ぶ小学校期の学習が，演繹的なアプローチで教える中学校期以

降の英語教育に加わることは，いわば言語習得上の両刀使いができることになり，学習者の大きなメリットになるといえる。

3　ねらいの実現のために小学校英語教育担当者が心がけるべきこと——設定されたねらいの特徴の理解と実現

　日本は第二次世界大戦後の一時期を除いて国全体が外国の植民地支配を受けていないことや，島国であることも影響して，これまで国民全員が外国語を運用できるレベルまで学んだ経験がない。また，英語の読み書きの学習においても，母語で英語と同じ文字を用いる人々や，文字は異なっていても母語が表音文字（ハングルなど）であったり，読み書きを学ぶ過渡期に発音記号を用いる国（中国語のピンイン，台湾のボポモフォなど）と比べると，日本語との違いは大きく，難しさが強いのは否めない。また，そもそも年少者ほど言語習得は遅く，それと表裏一体を成すかたちで存在する彼らの強み，つまり，帰納的な学びはしばしばその価値が見逃されがちである。

　小学校英語の担当者は，多くの議論の結果設定された日本の学校教育における外国語教育方針の到達点をよく理解したうえで，年少者の発達段階を考慮し，帰納的な学びとコミュニケーションを大切にした授業ができるよう，自らの指導技術を高めてほしい。

引用・参考文献

今井むつみ（2013）『ことばの発達の謎を解く』筑摩書房。

小林春美・佐々木正人（1997）『子どもたちの言語獲得』大修館書店。

小林春美・佐々木正人（2008）『新・子どもたちの言語獲得』大修館書店。

ゾルタン・ドルニェイ，米山朝二・関昭典訳（2005）『動機づけを高める英語指導ストラテジー35』大修館書店。

湯川笑子（2004）「英語の教科化を考える前に要る基礎研究」『小学校英語教育学会紀要』4，1〜7頁。

Lourdes, O. (2009) *Understanding second language acquisition*. Hodder Education.

Muñoz, C. (2009) Input and long-term effects of early learning in a formal setting. In

M. Nikolov (Ed.), *The age factor and early language learning*. De Gruyter Mouton pp. 141-160.

Muñoz, C. (2011) Input and long-term effects of starting age in foreign language learning. *IRAL* 49, (2), 113-133.

Ryan, R. M. & Deci, E. L. (2000) Intrinsic and extrinsic motivations : Classic definitions and new directions, *Contemporary Educational Psychology*, 25, 54-67.

――――――― 学習の課題 ―――――――

(1) 外国語活動としての英語教育と外国語科としての英語教育で似た表現やコミュニケーション活動を扱っている場合（たとえば食べ物の好みを尋ねあう活動），最終的なゴールの設定や指導の仕方にどのような違いがあり得るのかを考えなさい。

(2) 小学校英語授業の録画ビデオなどを視聴し（あるいは授業観察のチャンスがあればそれを基に），表1-5の知見がどの程度授業で生かされているか分析しなさい。

(3) インタビューすることができる小学校英語教育担当者が身近にいれば，中学年と高学年とで発達段階を考慮している工夫について聞きとり，結果をまとめなさい。

【さらに学びたい人のための図書】

今井むつみ（2013）『ことばの発達の謎を解く』筑摩書房。
　　　⇨認知心理学者がやさしく書き下ろしたＬ１習得の本。言葉と世界の関係，言葉を学ぶとは何を会得することなのかがよくわかる。

白井恭弘（2008）『外国語学習の科学――第二言語習得論とは何か』岩波書店。
　　　⇨新書版で書き下ろした第２言語習得の本。自分の英語やその他の外国語習得にも役立つ。

バトラー後藤裕子（2015）『英語学習は早いほど良いのか』岩波書店。
　　　⇨小学校英語教育に関する日本人研究者で世界的に活躍している研究者の著書。年齢とＬ２習得の関係，日本での小学校英語教育への示唆についての必読書。

(湯川笑子)

|第2章|海外の実践から見えてくる
小学校英語教育の課題

この章で学ぶこと

　小学校での英語教育の必修化，導入の低年齢化が各国で進んでいる。多
くの国に共通している課題の中でとくに深刻なものに，①指導者の質と数
の確保，および②学習環境や指導方法の多様性，評価の整備の遅れなどに
より，小学校を卒業するまでに，英語教育へのアクセスや英語力に大きな
格差が生じている点がある。本章では，東アジアを中心に海外の小学校英
語教育の実践が抱えている課題を概観しながら，日本でも今後，どのよう
に小学校英語教育を遂行し，多様性や格差の問題にどのように対処してい
くかを考える。

1　海外の小学校英語教育事情

（1）導入開始学年と授業時間数

　この節では，英国の教育文化機関であるブリティッシュ・カウンシルが，
2011（平成23）年に世界64カ国を対象に行ったアンケート調査の結果（Rixon,
2013）に基づき，海外ではどのようなかたちで小学校における英語教育が行わ
れているのかを概観する。まず最初に，英語教育の導入開始学年と授業時間数
について見てみよう。

　日本では2020年度から，5・6年生を対象に年間70時間，英語が教科として
指導されることになった。3・4年生では，「外国語活動」が年間35時間行わ
れている。外国語活動では，英語に「慣れ親しむ」ことが目標であるのに対し，
教科としての外国語科では，習得すべき言語スキルが明確化され，評価も加わ
る。では海外では，英語教育は何年生ぐらいから導入されているのだろうか。

　図2-1は，前述のリクソン（Rixon, 2013）の調査結果をもとに，政策上定め

15

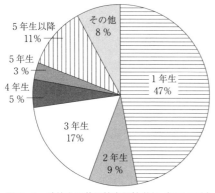

図2-1 政策上の英語教育開始学年（64カ国中）
出典：Rixon（2013）をもとに筆者作成。

られている英語教育の開始学年を示したものである。調査対象となった64カ国のうち，ほぼ半数近くの国が1年生から導入していることがわかる。1年生といっても，国により就学開始年齢が多少違うので，5～6歳のところもあれば，6～7歳，7～8歳のところもある。また，最近では，導入の低学年化が加速する傾向にあり，幼稚園から導入している国も少なくない。さらに注意したいのは，十分な時間数，教員や教材の確保ができれば，国や自治体の判断で規定されている学年よりも早期に英語を導入することができるという国が多いことである。その一方で，準備が整わず，規定されている学年から英語教育が行われていない地域をもつ国もある。いずれにせよ，他国では，英語開始時期が全体的にかなり早くなっていることがわかる。

　英語の早期導入の背景には，言語学習はできるだけ早くから始めた方が効果的であるといる考えが根強くあるということは否めない。しかし実は，日本で英語を学ぶといったような外国語学習環境下では，学習開始年齢よりも，学習の量と質のほうが習得への影響力がより大きいことが，いくつもの実証研究から指摘されているのである（バトラー，2015）。

　では，他国ではどれくらいの授業時間数が英語に確保されているのだろうか。実は，この数値を割り出すのは簡単ではない。国によって1コマの時間数が違うし，同じ国でも学年によって異なることもあるからである。さらに同じ国内で地域によって時間数が違うケースも少なくない。リクソンによれば，64カ国中，年間授業時間数（概算）が，30～50時間の国が全体の16％，50～80時間が28％，100時間以上が30％だという。100時間以上の授業時間数を確保しているグループには英語圏の旧植民地だった国々が含まれているが，いわゆる外国語

環境の国も少なくない。小学校時の総授業時間数は，外国語環境下の国では，平均が400〜500時間程度になるという。ちなみに中国は調査時（2012年）で432時間，イタリアは486時間だと報告されている（ただし，6年生を含まない1〜5年生までの5年間での統計）。2020年度から施行実施の日本の210時間（3〜6年生）は，かなり少ない方だということがわかる。

　しかし，こうした数値からは見えないものがある。それは授業の形態であり，それに伴うインプットの質と量である。同じ1時間であっても，日本の3・4年生を対象とした外国語活動のような，外国語に触れる体験を重視するようなプログラムもあれば，算数や理科など，教科の内容を英語で指導する CLIL（Content and Language Integrated Learning）のようなプログラムもある。教科としての英語の授業でも，使われている英語量は，同じ国の中でも非常に大きな違いがあることに注意したい。

（2）指導者

　英語教育の導入に当たって一番重要な点は，質の高い指導者を十分に確保することであり，各国では様々な方策をとっている。リクソン（Rixon, 2013）の調査では，国全体で十分な教員の確保ができていると答えた国が27％あった一方で，地域による格差があると答えた国が36％，国全体で指導者が不足していると回答した国は28％に上っていた（合計が100％にならないのは，「無回答」や「その他」の項目があるため）。やはり，多くの国で指導者の確保が大きな課題になっているようである。

　指導者の資格に関しても，国により，そして国によっては同じ国内でも，大きなばらつきがある。大学の教育課程における英語関連の科目においても，その種類や時間数は，国によって多岐にわたっている。国が定めた資格をもった指導者がいないため，無資格のまま指導が行われているケースもある。

　日本では，基本的に担任主導の指導が基本とされているが，実際には，外国人指導助手が入ったり，日本人の英語を得意とする地域人材が指導を助けることも多い。海外のケースを見てみても，担任，専科の教師（専科の中にも様々な

種類がある），外国人教師など，いろいろなタイプの指導者を組み合わせている国が多い。ただ，全体的には，専科教員が指導を行うパターンが基本で，日本のような担任主導を基本とする国は，リクソンのアンケートでは，全体の1割以下，6カ国（カメルーン，コロンビア，日本，南アフリカ，スウェーデン，ウガンダ）に過ぎなかった。

　小学校で英語の指導を行うには，様々な資質が必要だと考えられているが，その中でもとくに重要視されているものに，英語力があげられる。小学校で英語を指導するには，最低どれくらいの英語力が必要かに関しては，実証研究に基づいたガイドラインが存在するわけではない。ただ，ヨーロッパ言語共通参照枠（Common European Framework of Reference ; CEFR）で，B2レベル（準上級者レベル，日本の英検の準1級にほぼ相当すると考えられている）を課す国が増えてきている（アジアでは Choi & Lee, 2008，ヨーロッパでは Enever, 2014 など）。相当の英語力は必要だという判断であろう。香港などのように，小学校での英語教師を含めたすべての語学教師に，語学教師に特化した独自の英語熟達度テスト（Language Proficiency Assessment for Teachers of English ; LPATE）を開発し，そうしたテストで一定の点数を得ないと指導ができない制度を整えている国もある（Coniam & Falvey, 2013）。香港では合格基準は小学校教師であろうと，中・高校教師であろうと変わらない。

　このように政策上はかなり高い英語熟達度を課している国でも，規定（または目標）と現実が必ずしも一致しているとは限らない。ベトナムでは，2012（平成24）年の調査で，小学校英語教師の31％が CEFR の A2 レベル，47％が B1 レベルで，A1 レベルに満たない指導者も3％ほどいたという。2020年までには全員を B2 レベルにする目標だが，2012年時点で B2 に達していたのは10％以下だと報告されている（Phuong & Nhu, 2015）。また，教師の英語熟達度と指導力等との関係も十分にわかっているわけではない。

（3）小学校英語の到達目標と評価

　教科としての英語教育となると，明確な到達目標や評価が必然となる。海外

第2章　海外の実践から見えてくる小学校英語教育の課題

のケースを見ると，小学校を終えるまでに児童に身につけさせたい英語力に関
しては，ほとんどの国が何らかの到達目標を掲げてはいるものの，評価に関し
ては，不整備，不明確なところが少なくない。リクソン（Rixon, 2013）のアン
ケートでは，44％に上る国で，評価に関する規定がなく，外部テストを使って
いる国も33％に上っている。全体的に，指導と評価の間には溝があるようで，
評価の遅れは多くの国の共通の課題のようだ。

　最近では，前述の CEFR に基づき，小学校卒業時の到達目標を，A1 また
は A2 レベルとする国も増えてきた。CEFR に基づいた CAN-DO を使った評
価も人気が高い。自己評価は，学習者自らの学習への内省を促し，学習を促進
する評価として注目されているが，どのようなかたちで設問を構築するべきか，
どのようなかたちで導入するのか，そしてどのようなかたちで児童にフィード
バックを行い，CAN-DO の結果をどのように指導に生かすべきかといったこ
とに関しては，まだよくわかっていない。CAN-DO を CEFR にリンクさせ
る際にも，課題が多い。CEFR は，ある特定の学習環境やカリキュラムに準
拠しているわけではないので，実際の指導内容と一致していないことも多い。
そもそも CEFR は，基本的に大人の学習者を対象としており，年少者にその
まま使うには問題が残る。ヨーロッパでは，年少学習者向けに，A1 および
A2 レベルを細分化した指標や CAN-DO 項目の構築も行われているが，それ
をそのまま日本の学習環境に輸入できるかどうかはよくわからない。日本の教
育に準拠した日本版 CEFR の構築も進んでいるが，これを年少者に当てはめ
るには，まだ様々な検証が必要だろう。

　海外でも小学校英語の評価の整備があまり進んでいないのは，おそらく小学
校英語教育における評価の役割自体が不明確だからではないかと指摘されてい
る（Butler, 2015, Rixon, 2013）。評価は単に保護者に報告するためのものではな
く，その後の学習・指導に生かされることが大切なのである。小学校での評価
内容が，中学でしっかり活用されるような仕組みになっていなくてはならない。
しかし，残念ながら評価にとどまらず，指導に関しても，小中連携が組織的に
なされていないところがほとんどのようだ（Rixon, 2013）。

19

（4） 私教育と公教育

　児童・保護者の社会経済背景と学力格差の問題は，多くの国々が抱える共通の課題であるといえるだろう。とくに英語はグローバル・エリートのイメージと結びつきやすいせいか，社会経済的背景の影響が子どもたちの英語力に大きな影響を与えやすいといわれている。経済的に余裕のある保護者は，早期から子どもの英語学習への投資をいとわない傾向があるからである。

　まず，私立と公立の小学校で受けられる英語教育の量と質には差があるのだろうか。世界的に見ても，両タイプの学校では，英語時間数，クラスのサイズ，教員や教材の質に違いのある国が多い。ただし，海外では様々なタイプの私立学校が存在しており（宗教に基づき，寄付を得ている学校など），必ずしも裕福な児童が私立学校へ行くというわけではなく，国によりばらつきがある。したがって，私立学校のほうが，質のよい英語教育を提供しているとは，一概にいい切れない（Rixon, 2013）。

　また，公立学校の間でも，都市部と地方では英語教育へのアクセスが違う国も少なくない。優秀な教員は都市部に集中する傾向があり，アフリカや南米，一部のアジア諸国など，地方では十分な教員が確保できず，資格をもたない人が指導にあたっていたり，教材がない，テクノロジーにアクセスできないなどの問題が指摘されている地域も多々ある。極端なケースでは，中国など，政策に反して実質的には英語教育が行われていない地域が国内に存在している国もある。

　さらに，社会経済背景の影響が大きいのは，学校外での英語学習であろう。英語塾やネイティブの先生による個人指導，英語課外活動，英語キャンプへの参加，オンラインのものも含めた各種教材へのアクセスなど，保護者のサポートが子どもの英語学習に大きな影響を与えている国が多い。その一方で，例外的ではあるものの，スウェーデン，デンマークなど，小学生を対象とした英語塾がほとんど存在していない国もあるようだ。ただ，こうした国々も，英語で多くのテレビ番組が放映されていたり，英語によるゲームの使用など，授業外の英語のインプットが決して少ないわけではない。小学校の英語教育と，児童

の社会経済背景による英語力格差の問題は，非常に重要な問題なので，第2節でも再び掘り下げて考えていく。

2　アジア主要国の実践が示す課題

（1）教員の資質と研修

　第2節では，日本と比較的英語学習環境が似ており，日本に先駆けて教科として英語を小学校で導入している東アジアの国々に焦点を当て，そうした国々の実践・経験から見えてくる小学校英語教育の課題について考えてみたい。そして，他国の経験から見えてくる課題を，今後の日本における小学校英語教育にどのように役立てていったらよいのかを考えていく。最初に，とくに重要と思われる教員の資質・研修をめぐる課題から議論を進めたい。なお，この節で取り上げる東アジア諸国（香港を含む中国，台湾，韓国）の2016（平成28）年時点での小学校英語教育の実施状況は表2-1にまとめてある。

　小学校での英語教育が効果的に行われるか否かは，ひとえに教員への研修をいかに充実させ，教員が自信をもって指導に当たれるかにかかっているといっても過言ではないだろう。指導者に関して，言語政策上重要な点は大きく分けて2つある。それは，①誰が指導すべきか，と②どのようにして指導者を確保するかの2点である。

　誰が指導に当たるかを決定するにあたっては，まず，英語教師の資質を明確にするということが大切になる。第1節で触れたように，小学校での語学指導者には，様々な資質が重要だと考えられるが，おそらく最も重要視されているのが，英語熟達度だろう。小学校の英語教師が最低どれくらいの英語力を身につけておくべきかに関しては，実証的な検証に基づく共通見解はなかったものの，世界全体では CEFR の B2 レベルを目安にしている国が多かった。B2 レベルというと，実務に英語で対応できるレベルであり，ネイティブ・スピーカーと自然かつ流暢に話ができる程度の英語力となる。

　東アジア諸国でも，台湾が，国内で開発された GEPT という英語熟達テスト

表 2-1　東アジア諸国の小学校英語実施状況

政　策	中　国	香　港	台　湾	韓　国
正式導入年	1978：正式導入（徹底せず） 2001：必修教科化（柔軟な導入も許可）		1998：選択 2001：必修教科化	1997：必修教科化
対象学年	3年生から（ただし，柔軟な導入が許可）	1年生から	3年生から（1年生からの導入も許可）	3年生から
授業時間数	3・4年生：20〜30分授業を週4回 5・6年生：20〜30分の授業が週2回，30〜40分の授業を週2回	35分の授業を週に8〜10回	3・4年生：40分授業を週1回 5・6年生：40分授業を週2回	3・4年生：40分授業を週2回 5・6年生：40分授業を週3回
教員のタイプ	専科	専科	専科	担任および専科（契約採用の英語会話講師も含む）
指導方法	コミュニケーション中心，タスクベースの指導，小学校卒業時までに指導要領（NECS）のレベル2達成目標	コミュニケーション中心，タスクベースの指導	コミュニケーション中心，英語だけで行う授業（TETE）が義務化（ただし，地方では徹底していない）	コミュニケーション中心，英語だけで行う授業（TETE）を推薦（ただし，必ずしも徹底されず）
教員資格（新規教員）	短大卒または4年生の学位（教育養成大学で英語の学位）	4年生大学での英語関連の学位に加え，教員免許，LPATE（語学教員向けの英語テスト）合格，4カ月の教育実習，ネイティブまたはネイティブなみの英語力	4年生大学での英語関連学位に加え，教育学の一定単位を取得，文部省の教員試験合格，1年間の研修，さらに6カ月間の教育実習，GEPT（国内の英語熟達度テスト）中級上レベル以上	11の国立教育大学または梨花女子大学での学位，小学校教員試験合格，教育実習
現職教員への研修	学校レベルまたは個人参加による研修，内容や期間はさまざま，カスケード型の研修※も地方では導入	学校レベルまたは個人参加による研修，30時間	自治体，学校，アドバイザリーグループ，教科書会社等が行う研修，年間最低18時間	自治体や大学が行う研修，内容や期間はさまざま
ネイティブスピーカー（NS）の指導者	中央政府による政策はなし，地方自治体による政策のみ	各学校に1人ずつNS話者を配属目標，NS話者は現地の教員と一緒に指導，NS話者は資格・経験に応じて5つのレベルにランクづけ	中央政府による政策はなし，ライセンスを取得した機関を通じて採用（Foreign English Teacher Recruitment Project；FETRP）	NS話者は資格・経験に応じて5つのレベルにランクづけ，EPIK（English Program in Korea）および他の機関を通じて採用，各学校に1人ずつNSを配属目標
その他	地方での深刻な教員不足	非常な競争率	都市部では非常な競争率，一方で地方では教員不足	都市部では非常な競争率

※　トップダウンで，研修内容が一部のリーダーから段階別に末端まで流れることを目指す研修方式。

第 2 章　海外の実践から見えてくる小学校英語教育の課題

（日本の英検に似たテスト）で，「中級の上」のレベル（CEFR の B2 レベルに相当）以上の合格を課しているほか，前述のように香港では，語学教師のための特別に作成された LPATE というテストに合格する必要がある。LPATE では，聞く・読む・話す・書くの 4 技能のほかに，実際の授業の中でどのように英語を使っているかという実技テストも含まれている。そのすべてのセクションで，合格基準に達していなくてはいけない。重要なのは，小学校段階では高度な英語を教えるわけではないので，指導者にそれほど高い英語力は必要ないのではないか，という考えは間違っているという点である。むしろ，初心者を指導する教員には，高い英語力が必要だと主張する専門家もいる。北京，上海，台北やソウルなどの都市部では，小学校の英語教師になるには，非常に競争が厳しく，小学校の英語教師の英語力は一般的にかなり高い。ただ，地方ではその限りではなく，高い英語力をもつ教員をいかに確保するか（または地方の現教員の英語力をどう高めるか）が課題となっている。

　韓国では，現職の教員の英語力向上のために，小学校で英語を導入する際に，すべての教員を対象とした最低120時間の基礎研修を義務づけた。一部の教師（各学校に 1 名程度）には，さらに120時間の「深化研修」の機会を与えた。基礎研修の 7 割程度は，基本的な英語力向上に当てられ，少人数で英語の母語話者から会話のレッスンを受けた。研修の終了時には，スピーキング・テストがあり，「理解」「流暢さ」「コミュニケーションをしようという態度」の 3 項目にわたって評価が行われ，一定の点数に達することで，研修を受けたと承認されたのである。この研修のメリットの一つは，先生方の自信が高まったことだといわれている。十分な英語力を身につけた先生は自信がつくし，そうでなかった先生も，どれくらいの英語力が必要かの目安がついたという（バトラー，2005）。英語力は授業を自信をもって行うためには重要な要素であり，韓国の試みは，日本の現職教員への研修にも，大いに参考になるだろう。そして，これから小学校の教師を目指す学生諸君は，大学在学中に英語力を高める準備を十分にしておくことが大切だといえる。

　英語力に加えて，教員は英語指導に関する様々な知識も必要である。その中

23

には，第2言語習得に関する基本知識や，英語教授法，評価に関する知識，そしてテクノロジーを指導に使える知識と技能などが含まれる。東アジアでは，こうした知識ベースのものは，大学の教職課程や現職の教員を対象としたいろいろな研修プログラムに組み込まれるようになってきているものの，研修で教えられている知識が，どの程度，実際の指導に直接役立っているかに関しては，疑問の声も上がっている。コミュニケーション重視のカリキュラムの中で，タスク・ベースの教授法（Task-based Language Teaching；TBLT）などが推奨されている。しかし，いままでの第2言語習得の研究や英語教授法などは，基本的に年齢の高い学習者を対象に確立しており，年少者がどのように英語を第2言語（または外国語）として習得するのか，どのような教授法が子どもに向いているのかに関しては，知見が十分に蓄積されていない。したがって，実際に子どもたちの指導に当たる教員に役立つような知識を，研修の中で十分に提供できていないという問題が指摘されている（Butler, 2015他）。タスク一つをとっても，どのようなタスクをどのような順序で導入することで，子どもの英語学習や意欲を高めることができるのかといったことは，まだよくわかっていない。

　さらにテクノロジーの普及で，テクノロジーを使いこなせる能力も教師にとってますます重要度を増している。インターネットの普及で，オンライン上のコミュニケーション量も近年格段に増え，テクノロジーは単に学習・指導のツールというだけでなく，テクノロジーを使った言語使用は，習得目的としても大きな意味をもつ。ただ，小学校の英語教員のテクノロジーに関する知識は個人差，地域差が激しいようだ。台湾では，コンピュータの知識に一定の自信をもっている教師の間でも，実際の教室でのテクノロジーの使用を観察してみると，その使用は，主に児童の興味関心を引く目的にとどまっており，児童の英語学習の促進には有効に使えていないことがわかったという（Wu & Wang, 2015）。単なるテクノロジーの知識だけでなく，それを学習に直結させるための活用技術も大切だということだろう。

　コミュニケーション重視の指導法（Communicative Language Teaching；CLT）にしろ，その一つの方法である TBLT にしろ，テクノロジーの使い方にして

も，それぞれの教育環境や学習者のニーズに合ったかたちでの改良を重ねていくことで，効果が期待できるようになるといわれている。欧米中心に構築されてきた英語指導に関わる知識やテクニックを，トップダウンで伝達していく従来の研修のやり方では，限定された効果しか得られないのではないかと疑問視されるようになってきた。代わりに，もっと現場に即した，柔軟性のある，プロセスを重視した研修の在り方が注目されている。そのため，研修は受けっぱなしではなく，細かいフォローアップと，教師間（新人教員もベテラン教員も一緒になった）での相互トレーニングが大切だと考えられている（ピア・トレーニングなど）。

　タスク・ベースの指導法を進めている韓国，中国の主要都市で使用されている複数の教科書を分析したある研究（Butler, et al., 2018）では，まず多くのアクティビティがタスクの条件を満たしていないこと（単なるエクササイズになっている），そして，タスクを行う際の言語以外の認知部分の負担に関して十分な配慮がなされていないことがわかった。つまり，教師マニュアル（指導書）のとおりにアクティビティを行っても，児童は必ずしも意味のあるコミュニケーションを行っているわけではなく，また児童の認知レベル・負担を配慮したタスクを導入していることにもならない。その一方で，少し工夫を加えるだけで，タスクになりうるアクティビティも少なくない。教員がタスクに関するしっかりとした知識を得たうえで，互いの実践経験を情報交換しながら，より児童のニーズに合った指導法を構築していく必要がありそうだ。

　最後に，教師の資質として非常に大切なのは，教室運営に関する知識と技能である。児童にコミュカティブな英語指導を行うには，大人への指導とは違う特別な配慮や，知識・経験が必要となる。中学・高校のベテラン英語教師が，小学校の英語教師としてうまくクラス運営ができなかったというケースは珍しくない。韓国では，高い英語力と最新の英語教授法の知識を身につけた若い英語専科教員たちが，英語力が低いベテラン担任教員以上に，小学校での CLT の効果に懐疑的になっていたという報告もある。その理由の一つに，クラス運営への自信のなさがあったのではないかと指摘されている（Lee, 2014）。また，

場合によっては，英語の専科教員は担任教員に比べ児童にとっても心理的距離感があるのか，担任として12年もの経験をもつベテラン教師が，英語専科教師になったとたん，教室運営に苦しんだというケースも韓国から報告されている（Moodie & Feryok, 2015）。こうした事例からも，指導環境に応じた柔軟な対応が必要であることがわかる。教室運営に関する情報も，教師がお互いに経験を共有しながら，絶え間なく研鑽の場をもてることが大切だといえるだろう。

（2）児童の社会経済背景と英語力格差の問題

　東アジア諸国では，同じ国内でも，地域によって英語学習へのアクセスに差があったり，個々の児童の社会経済的背景により，小学校卒業時までに英語力に大きな差が出てしまうことが，深刻な問題となっている。韓国では，保護者が英語塾など学校外の英語学習へ支出している額は，世帯所得と高い相関関係にあり，こうした学校外の英語学習への支出額は，英語の成績とも高い相関を示している。日本と同様，東アジア諸国では，英語は単なるコミュニケーションの道具ではなく，上級学校へ進学する際の入学試験で大きなウエイトを占める基幹教科である。したがって，英語のテストでの成績が，学習者の進学や職業選択に大きな影響を与える可能性が高い。とくに，入学試験改革で，従来の文法・訳読中心のテストではなく，スピーキング技能を含む英語運用能力が問われるようになると，日常的に英語を使う環境にない東アジア諸国の学習者にとって，いかに英語を使う機会がつくれるかが，ますます重要になってきた。社会経済的背景が高い家庭は，経済力や社会資本が高く，子どもにより多くの英語を使う機会を与えることができる。中国江蘇省で筆者が行った長期調査では，小学校の段階で，スピーキングに関しては，社会経済的背景による差がすでに表れ，中学に進むにつれてその差は拡大していく。社会経済的背景の高い保護者は，英会話のレッスンに通わせたり，海外旅行に行ったりなど，英語を使う機会をより多く与えることができ，そうした機会が子どもたちの英語学習への動機づけの維持にもつながっていた。英語学習開始時には社会経済的背景に関わらず一様に高かった保護者による自らの子どもの英語習得への期待度も，

第2章　海外の実践から見えてくる小学校英語教育の課題

中学入学時あたりから，社会経済的背景の低い保護者の間では徐々に下がって
いく（Butler, 2014）。

　東アジアの国々では，グローバル・エリートを目指すには，高い英語運用能
力に加え，海外留学経験も重要だと考えられ，留学熱は小学生にまで広がって
いる。小学生の留学は以前は比較的裕福な層の保護者が，アメリカ，イギリス，
オーストラリアなどの英語圏に子どもたちを送り出すケースが大部分であった
が，最近では，フィリピンや香港，シンガポールなどの近隣の国々の人気も高
い。フィリピンなどは，比較的費用が安く済むこともあり，それほど裕福でな
い家庭の間でも人気が高い。シンガポールや香港などは，英語だけでなく，ア
ジアでの地位を高めつつある中国語も念頭においた選択である。ただ，保護者
の経済力により，留学先での経験内容にも違いがあるという研究報告もある
（Park & Abelmann, 2004）。また，家庭内のコミュニケーションに支障をきたし
たり，英語習得だけでなく，母語の習得にもマイナスの影響が出てしまうケー
スもあり，韓国政府は注意を促している。小学生の留学は，何も韓国だけの問
題だけでなく，中国など他の東アジア諸国でも問題になっている。

　中国では公立の小学校の間でも，学力別に明確なランクづけがされており，
社会経済的に裕福なエリアには，優秀な教師やよい設備を備えた有名小学校が
集中する。有名な小学校へ子どもを入学させるために，学区域内に引っ越しを
したり，住所を一時的に移すなどということは日常茶飯事となっている。有名
小学校へ子どもを入学させたい保護者を対象に，学区内に実質的には生活空間
とはいえないような狭いスペースを高額で貸し出すビジネスまで生まれている。
さらに，非常に競争の激しい小学校では，入学選抜の一環で児童だけでなく，
保護者への面接などを課すこともある。その際に，保護者の学歴や収入は，大
きな判定の要素となる。

　また，早期英語学習熱は，英語幼稚園やバイリンガル教育プログラムへの人
気からも見て取れる。バイリンガル教育と一口で言っても，様々なタイプがあ
り，東アジアでは，トータルイマージョン（すべてを英語で行う教育）から，教
科の一部を英語で教えるもの（いわゆるCLIL）的なものもある。英語と母語の

27

割合もカリキュラムも教師の質も千差万別であり，効果のほどもプログラムによって大きく違うと考えられる。しかし，高い授業料にも関わらず，依然として人気が高い。

韓国のソウルでは，前述のように，新規に小学校の英語教師になるには熾烈な競争を経なくてはならず，現在では非常に高い英語力がないと教員になれない。留学経験や幼い頃から特別な英語教育を受けてきたような経済的にある程度恵まれたバックグラウンドをもっていないと，教員になるのが難しくなってきている。そうした新任教師が，社会経済的背景の低い地区の学校に配属されると，子どもたちの学習環境がなかなか理解できず，指導が難しいという問題も起こってきているという。

最近では，英語を重視しすぎるのではないかと危惧する動きも出始めている。中国では北京など一部の大都市で，大学入学試験の英語の比率を減らす決定が出された。韓国でも，入試が点数制からバンド・スケール的なものに移行する動きが出ており，熾烈な英語の点取り競争に歯止めをかけられるかが注目される。日本でも，子どもたちにとってどのような英語力が必要で，どのような指導をするのが最適なのか，そして社会経済上不利な立場に置かれている子どもには，どのような支援が必要なのかを真剣に考える必要があるといえるだろう。

第2章では，海外での小学校英語教育の導入状況を概観した後，東アジアに焦点を当てながら，日本より一足先に小学校英語教育を進めている隣国が抱えている主要な課題点について考えてみた。とくに教員の資質・研修と，児童の社会経済的背景による英語力格差の問題は，今後日本が小学校英語教育を進めていくにあたり，非常に重要な課題であり，積極的に対処していく必要がある。その際に，他国の経験から学ぶべきことは多いと思われる。

引用・参考文献

バトラー後藤裕子（2005）『日本の小学校英語を考える——アジアの視点からの検証と提言』三省堂。

バトラー後藤裕子（2015）『英語学習は早いほど良いのか』岩波書店。

Butler, Y. G. (2014) Parental factors and early English education as a foreign language : A case study in Mainland China, *Research Papers in Education* 29(4), 410-437.

Butler, Y. G. (2015) English language education among young learners in East Asia : A review of current research, *Language Teaching* 48(3), 303-342.

Butler, Y. G., Kang, K., Liu, Y., & Kim, H. (2018) *'Tasks' appearing in primary school textbooks,* Appearing in *ELT Journal.*

Choi, Y.-H., Lee, H.-W. (2008) Current trends and issues in English language education in Asia, *The Journal of Asia TEFL* 5(2), 1-34.

Coniam, D., Falvey, P. (2013) Ten years on : The Hong Kong language proficiency assessment for teachers of English (LPATE), *Language Testing* 30(1), 147-155.

Enever, J. (2014) Primary English teacher education in Europe, *ELT Journal* 68(3), 231-242.

Lee, M. W. (2014) Will communicative language teaching work? Teachers' perceptions toward the new educational reform in South Korea, *Indonesian Journal of Applied Linguistics* 3(2), 1-17.

Moodie, I., Feryok, A. (2015) Beyond cognition to commitment : English language teaching in South Korean Primary Schools, *The Modern Language Journal* 99(3), 450-469.

Park, S.-J., Abelmann, N. (2004) Class and cosmopolitan striving : Mothers' management of English education in South Korea, *Anthropological Quarterly* 77(4), 645-672.

Phuong, L. N. T., Nhu, T. P. (2015) Innovation in English language education in Vietnam for ASEAN 2015 Integration : Current issues, challenges, opportunities, investments and solutions. In R. Stroupe & K. Kimura (Eds.). *ASEAN Integration and the role of English language teaching,* pp. 104-120. Phnom Penh : IELTS.

Rixon, S. (2013) *British Council survey of policy and practice in primary English language teaching worldwide.* Retrieved from www.britishcouncil.org

Wu, Y. T., Wang, A. Y. (2015) Technological, pedagogical, and content knowledge in teaching English as a foreign language : Representation of primary teachers of English in Taiwan, *The Asia-Pacific Education Researcher* 24(3), 525-533.

＿＿ 学習の課題 ＿＿

(1) 小学校で英語の指導を行う教師には，どのような資質が必要だろうか。そのような資質を伸ばすために，どのような研修があると望ましいだろうか。

(2) テクノロジーの有効活用は，英語のインプットの乏しい学習環境下では非常に大切だと考えられている。ただし，本文でも紹介したように，児童の興味を引く以上の活用が必要だ。どのようなテクノロジーを使った指導の可能性があるのか，考えてみよう。

(3) 日本でも，児童の社会経済的背景による英語学習への意欲や英語力に格差が生じていると予想できる。海外の事例を参考に，こうした児童の支援にはどのような指導的配慮が必要だと考えられるだろうか。

【さらに学びたい人のための図書】

バトラー後藤裕子（2005）『日本の小学校英語を考える——アジアの視点からの検証と提言』三省堂。

　　⇨東アジア諸国が小学校英語導入にあたり直面したさまざまな課題を，実証研究をもとに検証したもの。

伊東治己（2014）『フィンランドの小学校英語教育——日本での小学校英語教科化後の姿を見据えて』研究社。

　　⇨フィンランドは日本と英語学習環境がかなり異なるものの，詳細な記述は示唆に富む。

Rixon, S.（2013）引用文献参照。

　　⇨本章で紹介したブリティッシュ・カウンシルが64カ国を対象に行った調査の報告書。世界の小学校英語が概観できる。英文だが，挑戦してみる価値あり。

（バトラー後藤裕子）

第3章 英語コミュニケーション能力

この章で学ぶこと

この章では，外国語教育で育てたい最も大切な能力であるコミュニケーション能力について考えを深める。そもそもコミュニケーション能力とは何なのか，最初にそのコミュニケーション能力の構成要素について複数の理論から学ぶ。その理解をもとに，小学校英語教育の教室内で，どのようなタイプの「コミュニケーション」が実現できるのかを具体的な指導場面に沿って理解する。

1 コミュニケーション能力の要素

（1）外国語教育におけるコミュニケーション能力

2011（平成23）年以降施行されている学習指導要領においても，2020年以降の新しい学習指導要領においても，外国語教育の目標は外国語を通して，コミュニケーションを図る基礎や素地を育成することであると規定されている。長い間日本の英語教育では，英語の語彙やしくみを知識として学ぶことに重点が置かれ，知識を実用に供することが軽視されてきた。こうした反省や，英語が世界共通語として汎用性が高く頻繁に使用されるようになってきたことの反映として，英語運用力の育成が究極のねらいであると強調されるようになってきたのである。

では，その「コミュニケーション能力」とはいったい何なのだろうか。「近ごろの英語教育はコミュニケーションを重視するからきちんとした文章が書けない」などと言うときは，その話し手はコミュニケーションを口頭での日常英会話のことだとみなしているのではないかと想像するが，コミュニケーション

能力は決して口頭での能力だけに限定したものではない。また，人事の専門家が「大学生の採用で最も大事なのはコミュニケーション能力です」などと言うときは（ここでは母語でのコミュニケーション能力についての議論だが），おそらく説得力のある企画案を文章化したり，同僚や顧客の信頼を得るのに十分な対面およびメール，電話などでの意思疎通力を指しており，総じて多様な場面で複雑な内容を非言語的なツールも合わせて，確実に，しかも効果的に使って目的を達成する能力であろう。大衆の心を動かす名スピーチや，自分を分析できずに悩む人の思考と心を解きほぐすカウンセラーのコミュニケーション能力もそれぞれに非常に高度な能力である。つまり，コミュニケーション能力は我々が想像するよりはるかに幅が広く多くの下部能力を包含するものであるといえるのではないか。では，次の項で，コミュニケーション能力の構成要素についてよく知られているモデルを検討してみよう。

（2）コミュニケーション能力の構成要素

ダフ（Duff, 2014）のまとめによると，ヨーロッパやアメリカで，外国語教育においてコミュニケーション能力の育成が目的であると言われだしたのは1970年代だという。その理由として人の移動に伴い実際に学んだ外国語を使って相互交流をするニーズが生まれたことや，言語研究においても，言語の生得性を文の統語法（＝語順のルール）の研究で証明することのみに研究対象を絞る研究から，言語の機能や社会性に目を向けることの重要性が主張され，語用論や社会言語学分野の研究が発展したことがあげられる。「コミュニケーション能力」（communicative competence）という用語も，社会言語学者のデル・ハイムズがこの頃に使い始めた造語で，ハイムズは「人の言語能力は単に文法的に正しいかだけではなく，適切かどうかをも含む」と主張した。また，「いつ話し，いつ話すべきでないか，そして何を誰といつ，どこでどんな風に話すか」が人の能力に含まれるのだとも説いている（Hymes, 1972, p. 277）。こうした言語観は，同時期に活発になった語用論の理論とともに言語教育にも影響を及ぼし，1980年代以降，コミュニカティブなアプローチで外国語教育をすることは，今も世

第3章 英語コミュニケーション能力

界の主流となっている。

さて，そのコミュニケーション能力の構成要素を説明したモデルとして，影響力が強く，長く研究者や言語教育現場で受け入れられてきたものが2つある。1つは応用言語学者のカナルが数度改良を加えて到達した4要素（Canale, 1983）であり，もう1つは1990年代にテストの専門家であるバックマンとパーマーが発表したモデル（Bachman & Palmer, 1996）である。その要素と簡単な説明を表3-1と図3-1にまとめた。

カナル（Canale, 1983）のモデルはシンプルで，その構成要素としてあげられている「文法能力」「談話能力」「社会言語能力」「方略能力」の名前から内容は容易に想像できる。学校英語教育（中学・高校の場合）では，教室内で英語を運用するニーズをつくり出すには高度な教授力を要することから，上述の4つの能力のうちこれまでは，基本的に「文法能力」に焦点を当てて言語フォームの知識育成に力を入れ，「談話能力」についてはテクスト読解までで，テクストを発表や討論，長いエッセイの作文として産出するところまでは指導せずに終わることが多かった。さらに，英語教育の教室内ではあまり焦点がおかれてこなかったとはいうものの，実際に英語を運用しようと思えば，何らかのコンテクストの中でコミュニケーションは起こり，その社会的な規範にのっとって適切に言語使用することが求められる（「社会言語能力」）。また，L2（第2言語，

表3-1　カナルのコミュニケーション能力モデル

下部構成能力	能力の定義
文法能力	発音，語彙，形態素，統語法，意味論，識字法などの言語の形式についての知識とそれを使用できる力
談話能力	言語の形式と意味を組み合わせて，様々なジャンルにおけるテクスト（まとまった文のあつまり）がつくれる能力。これには文と文の間の一貫性と代名詞などで語と語の関係を示す結束性が理解でき産出できることが必要
社会言語能力	場の社会的ルールに則って実際の談話が理解でき産出できる能力。つまり，その場でのコミュニケーションの機能や態度などの社会的意味が理解できる能力
方略能力	コミュニケーションが破たんしたときに修復するため，あるいはコミュニケーションをより効果的に行うための能力

出典：Canale, 1983, pp. 6-14の記述をもとに筆者作成。

33

第3言語というように，第1言語を習得した後に習得した言語）学習者である以上，予定通りにコミュニケーションが成立しないことは常に起こりうることから，「方略能力」がコミュニケーション能力の構成要素として含まれることは容易に想像できる。

　他方，バックマンとパーマーのモデル（Bachman & Palmer, 1996）は包括的で複雑である。テストの専門家である彼らは，言語テストを受けるという言語使用場面を念頭におき（しかし交流会をするなど，別の言語使用場面にも当てはまる），その作業にどのような要因が関与するのかについて概念モデルを提示した。図3-1は，バックマンとパーマーの4章で提示されているモデルをまとめたものである（Bachman & Palmer, 1996, pp. 61-84）。

　左上の言語能力の中の「文法知識」「テクスト知識」「社会言語知識」は，カナルの「文法能力」「談話能力」「社会言語能力」に対応すると考えてよい。あと1つの「機能知識」とは，言語学でいう語用論的な能力を指す。たとえば「暑い」と誰かが言ったとき，その発話が単なる気温への言及・感想なのか，冷房を入れてほしいという依頼なのかを決定できる力，つまり個々の発話（や書かれた文章）で成し遂げたいと願うことを正しく表現したりくみ取ったりできる能力を指す。皮肉，婉曲表現などもこの能力がなければ伝わらない。どう

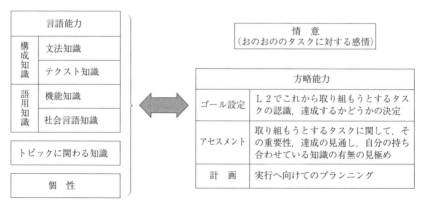

図3-1　バックマンとパーマーによる言語使用や言語テスト受験の際の構成能力モデル
出典：Bachman & Palmer, 1996, pp. 61-84の記述をもとに筆者作成。

いう表現がどのような機能を果たすのかは，文化によっても異なる。自文化の中で使うであろうと思われる表現を他言語にそのまま移し替えてもうまくいかないこともある。以上，図3-1の左上にまとめられた「文法知識」「テクスト知識」「機能知識」「社会言語知識」が，タスクを遂行する時に関与してくる，厳密な意味での「言語」そのものの能力である。

　こうした言語そのものの能力に加えて，図3-1の左下に示されているように，そのタスクの「トピックに関わる知識」とタスクに関わる人の「個性」は，確かにタスクの成否や実施の仕方を左右するだろう。言語能力を超える要因であるが，バックマンとパーマーはコミュニケーションタスクの成否を左右する要因としてこれらもモデルの中に含めている。

　図3-1の右側にある「方略能力」は，カナルの「方略能力」とは異なる概念で，バックマンとパーマーの方略能力は，遂行しようとするコミュニケーションタスクをメタ認知的に捉える能力である。小学校外国語活動の時間で，たとえば留学生を迎えて互いに文化交流をして楽しもうという企画があるとする。グループで取り組むように言われたその活動が自分にとってどれくらい意味のあることで，うまくできそうかどうかを考える「ゴール設定」と，けん玉なら得意だし家にいくつもあるから使えそうだとか，大豆をお箸でつまむゲームなら自分の英語力でも実演しながらなら説明できそうだなど，タスクに関する自分のリソースを見極める「アセスメント」の段階，そして，最後に実際のプランを立てる「計画」の段階がある。ある小学校で，留学生と6年生との交流活動を見学していたときのことである。グループ内で，ある児童が自分が担当するゲームをうまく説明できなかった。その様子をずっと横で見ていた同グループの児童が，見ている間に説明の方針を立てたのであろう，即興で1人目の児童とは異なるやり方で身振り手振りと簡単な単語を使って説明をやり直して助けてあげた。このときの2人目の児童は，自分に駆使できるコミュニケーションのためのあらゆる下部能力をどう組み合わせればよいかのアセスメントと計画を経て，実行に踏み切ったに違いない。

　この「方略能力」をすっぽりと包んでいるのが，学習者がもつ，タスクに対

する「気分」，いわゆる情意的な要素である。やることを求められてはいるけれど，昔似たようなタスクで苦い思い出があるとか，逆にとても楽しいことだと思っているなど，この気分は学習者のタスクへの取り組みに大きく影響を与えるとバックマンとパーマーは説明する。

　以上，応用言語学分野で広く認知されている代表的なコミュニケーション能力のモデルを2つ紹介した。2020年度より施行の学習指導要領でも，外国語の知識・技能を土台に，それを使って多様なコンテクストやねらいのあるコミュニケーションを学習者が遂行していけるような資質・能力を育むのが大切だとされている。2つのモデルの中の「文法能力」の土台を堅固にしていくことはもちろん大切だが，それ以外のコミュニケーションの構成要素にも目を向けて場面を設定し，様々な設定でのコミュニケーションを経験させることが必要であろう。

2　外国語を教室で教えるときに実現できる　コミュニケーション

（1）児童同士のやり取り

　小学校英語教育で児童同士の「やり取り」の活動の筆頭は，好きなスポーツ，果物，おやつ，季節などをたずねあったり，長い休み中にしたこと（海に行く，祖父母を訪ねる，スキーに行くなど）を伝え合うなどといったコミュニケーション活動である（現在外国語教育では，読む，書く，聞く，話すの4技能のうち，話すの分野を，双方向の「やり取り」と「発表」に分けて達成すべき5つの技能としている）。好きなスポーツについてのワークシートをつくっておいて，上部に質問の文章，その下に，各種の選択肢（スポーツのイラスト）を示し，制限時間内にたくさんの友達に好きなスポーツは何かをたずね，答えの中にあったスポーツにチェックマークを入れていく。最終的にその聞き取り結果を何らかの方法で先生が整理し，何が人気のスポーツ（あるいは果物，おやつ，季節）なのか，長い休み中にはどんな活動をする人が多いのかをまとめると，この活動をするこ

第3章　英語コミュニケーション能力

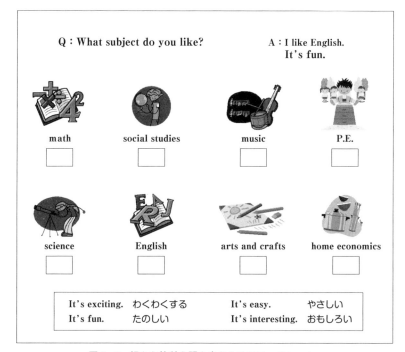

図3-2　好きな教科を聞き合うためのワークシート

との意義が高まる。

　同じタイプのワークシートを使って，好きなこと，したこと以外の調査項目についてやり取りする活動も考えられる。文具について習ったあとに，それぞれの筆箱に何が何個入っているか，自分の好きなカレーや鍋にはどんな食材が入っているかをやり取りを通して聞き取ってくるのである。

　コミュニケーション活動のやり取りを考案する際に，友達が本当に好きなことや実際にしたことを聞き出す以外の活動もあり得る。それぞれがもっている情報が全員一緒であるとは限らないので，相手のもっている情報を聞き出すという，英語教育で「インフォメーション・ギャップ活動」と呼んでいる活動を使うのである。たとえば，クラス全員にそれぞれ1枚ずつ時間割表を渡す。その時間割表は5種類程度の異なるものがランダムに渡されている。児童は，「Do you have math（P.E. etc.）on……?〔○曜日に算数（体育ほか）ある？〕」

などといった表現で相手の時間割が自分のと同じかどうかたずねる。一定の時間が過ぎたら，教師は児童に，自分と同じ時間割の持ち主を何人探せたかを聞き，最終的にクラス全体で誰がどの時間割を持っていたのかを発見する。これは，児童がそれぞれ自分自身の個人情報を伝え合うコミュニケーションではないが，自分の知らない相手の情報を聞き出すために考案された外国語教育独特のコミュニケーション活動である。

　ここで紹介したタイプのやり取りの活動は，基本的に単文の質問と単文の答えからなる簡単なものである。語彙も与えてあるので，認知的負荷は低く，コミュニケーション能力のうちの文法能力を使用する程度であり，初歩レベルの活動なので誰でも取り組める。

　ただ，学習すべき語彙群がいくつかあれば，何でもかんでもこうしたたずね合うやり取りのある活動にするとよいかというと，中には不自然なものができることがあるので注意が必要である。過去に，低学年で曜日を表す名詞（計7つ）を学んだあと，それを苦肉の策でコミュニケーション活動にした授業を見たことがある。児童らは全員が7つの曜日のうちのどれか1つの曜日のカードをたくさん持っている。児童は，英語で「Do you have a Monday card ?」（月曜日カードを持っている？）と聞き合って，相手が自分の欲しい曜日のカードを持っていたら1枚もらう。多くの人に質問をしていって，7つの曜日のカードを全部集めれば終わりという活動である。児童らは低学年でもあり新鮮さも手伝って，嬉々としてこの活動をやっていたのだが，あとで聞いたところ，今回は曜日を習ったから曜日のカードで，次は野菜を習うから野菜のカードで，という風にルーティーン化しているということであった。インフォメーション・ギャップがあるとはいえ，「月曜日カードを持っている？」などという発話は実生活ではまずないので，それぞれの学習項目に合った，日常で使いそうな対話を考えるとか，覚える単語の数がそれほど多くなければ，ドリルやゲームを通して覚えるなどといった活動のほうが学ぶべき英語項目にふさわしい場合があるので注意してほしい。

38

第3章　英語コミュニケーション能力

（2）児童の発表

児童間のやり取りのほかに，児童が英語でコミュニケーションができるのは，個人もしくはグループでの発表活動である。文部科学省が2017（平成29）年6月にウェブサイト上で公開した2020年以降の高学年のカリキュラム案では，自己紹介，自分の町の紹介，夏休みの思い出，小学校6年間の思い出，将来の夢，中学校でしたいことなど，数多くの発表活動の案が列挙されている。グループ発表として筆者はこれまでに，行きたい国と日本の比較，日常的に食べる物の比較，クリスマスやお正月の祝い方の比較，日本文化の紹介などを見たことがある。

発表活動に取り組ませるには，発表の枠組みを示し，かつこういう発表ができることを期待しているということを示すためのサンプルを提示するとよい。児童の発表は内容が均質であればあるほど聞き手は理解できるが，あまりにバリエーションが少ないと聞き手が飽きてしまうので，発表の枠組みの工夫に注意が必要である。

日本の小学校英語教育の平均的なレベルを考えると無理もないが，児童の発表は，発表したことを聞き手が理解するところまででとどまっている。その発表について質疑応答をする場合には，日本語にスイッチしているケースが多い。

（3）教師の語りや読み聞かせおよび教師と児童集団との間のインタラクション

① 絵本の読み聞かせ

児童同士のコミュニケーションのほかに，非常に量が多く密度も高いコミュニケーションとなる可能性があるのが，教師とクラスの児童全体とのコミュニケーションである。教科としての小学校英語は2020年から読み書きも導入されるが，レベル的に，児童が自力で初めて見る物語を読むということは通常の公立学校では期待できない。したがって，表3－1のコミュニケーション能力のモデルに出てきた「談話（テクスト）能力」は，教師が絵本を読み聞かせたり，教師自身が何らかの身近なエピソードを語ってみたりする際に，それを理解しようとして育っていく。

39

たとえば，Oxford Reading Tree（Oxford 社）という，年少者用の英語レベル別に編纂されたシリーズ絵本があるが，この本は，最後に落語の「オチ」のような愉快な結末が待っていることが多い。友達のお母さんに連れられて友達と一緒にプールへ行った男の子が，バッグに水着が入っていないことに気づき，友達のお母さんに新しい水着を買ってもらった。さあ着替えようとしたときに，ズボンの下にはいてきていたことが判明したなどといった具合である。児童は，知らない単語が出てきても，先生がところどころ児童とインタラクションをとってくれることでヒントを得たり，絵を見ながら展開を予想したりしながら聞く。全部はわからず，想像で理解を補わなければならない途中経過での曖昧さに耐え，それでも最後の「オチ」さえわかれば，充足感が得られる。ここまでくればそれまでのわからなかったことも逆算して意味がはっきりしてくる場合もあるし，あるいは，些末なことまで完璧にわからなくてもよいと思えるようになる。こうした活動を通して，あらゆる非言語的な情報や前後関係などを総動員して，積極的に「談話」（テクスト）を理解しようとするＬ２理解力が身についていく。

② 教師が語るエピソード

　絵本の読み聞かせに加えて，授業で習うことにからめて教師の日常のエピソードを語るのもとても大切なコミュニケーションである。授業の単元で夏休みにしたことを取り上げる際に，教師自身，ALT あるいは児童らが共通に知っている他の先生の夏休みについて語れば，児童は非常に興味をもって理解しようとするだろう。日本人教師と ALT がティームティーチングをしている際には，２人の間で冗談を言い合ったり，わざと返答を引き延ばして児童を２人の会話に巻き込むといったコミュニケーション場面をつくることもできる。たとえば，ある私学の低学年の授業で，日常のお手伝いについて学習していたときである。「Do you do the dishes？」（お皿洗いする？）と ALT が日本人教師（女性）に聞くと，日本人教師が「Never」（まったくしない）と答える。児童らが，では誰がするのかなと思ってきょとんとしているので，教師は，食事は自分がつくるので，皿洗いは夫がするのだと付け加えた。あるいは，「Do you vacuum the floor？」（掃除機かける？）に対しては掃除ロボットの仕事だという答えが返ってきた。こうした会話の中では文字通りの意味で言葉を使わない（冗談など）場合も混じるので、バックマンとパーマーのモデル（図3-1）にあった「機能知識」が試され、より現実社会の会話のやり取りに近いものに触れることができる。

③ 教師対児童のクイズ活動

　もう一つ、教師と児童集団全体でのコミュニケーションができる活動に、一般常識や多少他教科の内容が含まれるクイズ活動がある。英語の色名の学習をするときに、色名を単にリピートさせたり、歌を歌ったりすることで定着を図ることはもちろん行うが、再度かたちを変えて復習させたいときに、たとえば、トマトやトウモロコシなどの白黒写真をスライドソフトを使って見せる。「What color is it？」（これは何色？）と児童に聞き、出てきた答えに「Are you sure？」（本当にそうかな？）などと言いながら、種類によって日本で通常出

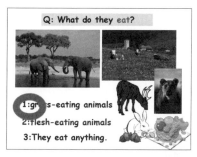

図3-3　絶滅危惧種の学習スライド例

回っているものとは異なる色のトマトやトウモロコシを見せ，どこの国でよく
食べられている品種だといったことを一言添える。こうした問いかけや児童の
興味を引きつけるような追加の情報を与えることは児童同士のやり取りには向
かないので，教師が児童全体とやり取りしながら進めるのがよい。野菜名の学
習に絡めて，通常私たちが食べている野菜は，その植物のどの部分（葉，花，
種，茎，根など）なのかといったクイズをする。できることできないこと（can
を使用）の学習に絡めて，動物の走るスピードや泳ぎの能力を示す。外国の国
名や文化を学習するときに，各界の有名人の出身地と地図上の位置を確認する。
絶滅危惧種の動物の生息地と危惧されるほど減少してきている理由を推測させ
る（図3-3）など，児童が知りたいと思う英語以外の学習事項と絡めることで，
児童とのコミュニケーションを増やすことができる。

（4）ゲストなどとの交流活動

　長い間練習して蓄積してきた英語力を初対面の外国人との交流の中で試して
みるというコミュニケーション活動がある。これは英語でのコミュニケーショ
ンそのものなので，いわば，最終到達点でのパフォーマンスである。

　よく実践されている交流活動の一つに，観光地へ行って旅行中の外国人に話
しかけ，自己紹介をしつつ，少し相手のことや日本の印象を聞いてくるという
活動がある。基本的にグループ単位で活動している。話しかけられた人によっ
ては迷惑であると感じる場合もあることを予測して，ある学校では「これは小
学生の授業の一環でやっていることだが，気が向かない，時間がないなどと
いったことがあれば，遠慮なく断って下さい」と英語で書かれたメッセージを
最初に見せることにしていたり，対応してくれた人には時間を使ってもらった
お礼として児童が手づくりしたビーズのコースターなど，ちょっとしたプレゼ
ントを渡すように配慮していた。

　こうした突然のお願いで児童が相手に迷惑をかけるのを避けたい場合には，
あらかじめ趣旨を伝えておいて合意してくれた留学生に学校に来てもらう，も
しくは大学を訪問するという方法で対話したり，交流したりする例がある。そ

第 3 章　英語コミュニケーション能力

の一例に，Let's talk の活動がある（『小学校英語で身につくコミュニケーション能力』湯川他，2009）。英語がまだ総合的な学習の時間の枠組みで行われていた時期に，筆者の発案で，英語への肯定的な姿勢を育むことを目的で 6 年生の卒業前に設定した対話活動である。

　児童を 2 人 1 組にして，あらかじめ練習しておいた質問（名前，出身地，誕生日，好きな食べ物，スポーツ，色，趣味など）とそれに対して自分の場合はどうかという答え，およびいくつかのあいづちの表現〔I see.（なるほど）Really?（本当?）Me, too.（私も）Nice.（いいですね）など〕を教えておく。Let's talk の目標は，3 分間お客様と楽しく会話をつなぐことだと児童に伝え，2 人で助け合って，どうしても使用せざるを得ないときには日本語を交えてもいいし，写真やジェスチャーなど使えるものは何でも使ってコミュニケーションを続けるようにと励ます。したがって Let's talk では，先のコミュニケーション能力のモデルで提案されているあらゆる構成要素を使って児童らは会話に取り組む。

　このような留学生ゲストとの対話に，さらに文化交流のアイデアを取り入れた実践もあり得る。この場合には起こり得るやり取りの多様性が Let's talk よりさらに増すので，いよいよ多様なコミュニケーション能力の構成要素が稼働する。ある実践例では，児童のグループ数（たとえば 9 グループ）に合わせて留学生を招待し，グループごとにまずは自己紹介をし合う。その後，児童らはどんな文化紹介を聞きたいか，と留学生にカードに書いた選択肢（書き初め，箸で大豆をつまむ競争，けん玉など）を示す。児童らは留学生が選んだ活動を実演を交えて紹介し，留学生にもやってもらう。その後，留学生に自分の国の文化紹介の選択肢（食べ物，お祭り，お正月など）を与えて 1 つ選んでもらう。留学生は与えられた画用紙にマーカーで手がかりとなるものを描きながら，なんとか伝えたい文化情報を伝える。

　この活動は，自己紹介を超えた文化交流なので，多くの方略能力（コミュニケーションの破たんの修復という意味と，メタコミュニケーション力という意味の両方の意味での方略能力）が駆使される必然性を含んでいる。日本文化紹介の方は，あらかじめ想定される必要語彙をカードに書いておいて使うとか，実演の用意

43

をしておくことができるが，留学生の文化紹介の方は，留学生自身に準備をしてもらうようには依頼していなかったため，即興で説明をしてくれる。このような説明に対して「わからない」という表情をしたり，短い文や単語での質問をするなど，テクスト知識，方略能力，機能知識などを駆使することが必要になり，大変充実したコミュニケーション活動となる。コミュニケーション能力を，2つのモデルに共通にあげられていた「文法能力」だと狭く理解してしまうと，本来L2としての英語使用者に必要な他の能力を育成せねばならないことを見逃してしまう。実際，グループで懸命にお箸での大豆つかみゲームの説明や確認を行っているコミュニケーションのプロセスを見ずに，ゲームに興じているところだけに注目する観察者は，「えっ，遊んでるだけ？」という風にこの交流活動の英語学習としての意義を誤解してしまうかもしれない。しかし，小学校英語教育の担当者は，コミュニケーションとは何かを正しく認識し，こうした活動を児童のレベルに応じて最も効果的に企画・実行できるようになってほしい。

引用・参考文献

湯川笑子・高梨庸雄・小山哲春（2009）『小学校英語で身につくコミュニケーション能力』三省堂。

Bachman, L. F., Palmer, A. S. (1996) *Language testing in practice : designing and developing useful language tests*. Oxford University Press.

Canale, M. (1983) From communicative competence to communicative language pedagogy. In J. C. Richards and R. W. Schmidt (Eds.) *Language and communication*. Longman. pp. 2-27.

Duff, P. A. (2014) Communicative language teaching. In M. Celce-Murcia, D. M. Brinton, & M. A. Snow (Eds.), *Teaching English as a second or foreign language*. National Geographic Learning.

Hymes, Dell H. (1972) On communicative competence. In Pride, J.B. ; Holmes, J. *Sociolinguistics : selected readings*. Penguin, pp. 269-293.

第3章　英語コミュニケーション能力

学習の課題

(1)　2人の友人を2泊の旅行に誘うロールプレイを日本語でしてみよう。提案者は相手を説得し，聞き手の2人はその提案によって自由に反応する。その後で，提案者がこのロールプレイ中に使ったコミュニケーション能力をバックマンとパーマーのモデルにしたがって，分析しなさい。

(2)　(1)のロールプレイを英語で行い，同様に分析しなさい。

(3)　3〜4人のグループで，これまでに見たことのある小学生の英語でのコミュニケーション活動を出し合い，その活動にどのようなコミュニケーション能力が使われていたかを議論しなさい。

【さらに学びたい人のための図書】

ゾルタン・ドルニェイ，米山朝二・関昭典訳（2005）『動機づけを高める英語指導ストラテジー35』大修館書店。
　　⇨楽しく児童・生徒がやる気を出せる英語の活動を考える35の手法の紹介。

湯川笑子・高梨庸雄・小山哲春（2009）『小学校英語で身につくコミュニケーション能力』三省堂。
　　⇨Let's talkとは何か，どのように評価するかなどの詳細が載っている。

M. Celce-Murcia, D. M. Brinton, M. A. Snow (Eds.) (2013) *Teaching English as a second or foreign language*. Boston : National Geographic Learning.
　　⇨英語教育の基礎知識が網羅された教科書。英語の中高免許も取得する人なら必要なトピックについて章を選んで読むとよい。

（湯川笑子）

<table>
<tr><td>第4章</td><td>小学校外国語教育・外国語活動の
カリキュラムと指導内容</td></tr>
</table>

この章で学ぶこと

　この章では，小学校外国語教育で求められていることを，新学習指導要領に沿って「聞くこと」「話すこと」「読むこと」「書くこと」それぞれについて具体的に知る。またカリキュラムとは何かを理解し，なぜカリキュラムを学校ごとに調整していく必要があるのか，どうやって調整していくのかを学ぶ。さらに，総合的な学習や他教科，行事との連携など，小学校ならではの横断的な学びを実現するために視野に入れておくべき事項を1つずつ取り上げる。そのうえで，それらを英語の授業と関連づける取り組みを考案できるようにする。

1　基本となるカリキュラム

（1）外国語活動

　2020年度から，「外国語活動」が中学年で35時間程度行われ，高学年では教科としての「外国語」が70時間程度導入される。つまり，一言で小学校英語といっても，正しくは中学年の「外国語活動」と高学年の「外国語科」という2種類のかたちをとることになる（文部科学省，2017a，2017b）。児童にとっては英語を学ぶという意味で大きな違いはないが，指導者側は目標の違いを理解しておく必要がある。高学年の英語は教科なので学習内容を習得し英語力をつけることが目標であるが，中学年の外国語活動では，あくまで英語に「慣れ親しみながら外国語学習への動機づけを高める」ことが目標となる。とくに，「聞くこと」「話すこと」を中心とした言語活動を通して慣れ親しみ，高学年の外国語学習につなげる力をつけることが望まれている。

　文部科学省（2017c）が作成した『小学校外国語活動・外国語研修ガイドブッ

第4章　小学校外国語教育・外国語活動のカリキュラムと指導内容

表4-1　3年生学習内容

単元	単元名
1	Hello!　あいさつをして友だちになろう
2	How are you?　ごきげんいかが？
3	How many?　数えてあそぼう
4	I like blue.　すきなものをつたえよう
5	What do you like?　何がすき？
6	ALPHABET　アルファベットとなかよし
7	This is for you.　カードをおくろう
8	What's this?　これなあに？
9	Who are you?　きみはだれ？

表4-2　4年生学習内容

単元	単元名
1	Hello, world!　世界のいろいろなことばであいさつをしよう
2	Let's play cards.　好きな遊びをつたえよう
3	I like Mondays.　好きな曜日は何かな？
4	What time is it?　今，何時？
5	Do you have a pen?　おすすめの文房具セットをつくろう
6	Alphabet　アルファベットで文字遊びをしよう
7	What do you want?　ほしいものは何かな？
8	This is my favorite place.　お気に入りの場所をしょうかいしよう
9	This is my day.　ぼく・わたしの一日

ク』（http://www.mext.go.jp/a_menu/kokusai/gaikokugo/__icsFiles/afieldfile/2017/
07/07/1387503_1.pdf）には，どのようなことを学ぶのかが具体的に示されている。
中学年（3・4年生）の単元を上に表した。詳しい内容については，文部科学
省作成の教材『Let's Try! 1, 2』（文部科学省のウェブサイトにて配布）を参照さ
れたい。

　以下，中学年で「聞くこと」「話すこと」について指導すべきであると文部
科学省が定めている内容に沿った活動の例を順に説明する。

47

まず、「聞くこと」については、絵本の読み聞かせを通して、身の回りの物に関する簡単な語句や基本的な表現とそれを表すイラストなどを結びつける活動などが想定されている。もちろん、クラスルーム・イングリッシュやあいさつなどの英語の表現を聞き、理解する活動は、授業全体を通して実現できる。児童は簡単な指示にしたがって体の動きで反応する活動に抵抗がない。とくに中学年ではインプットをたくさん与え、意味を想像しながら聞くことを楽しむという姿勢を育てることが大切である。

「話すこと」については、〔やり取り〕〔発表〕の2領域に分類されている。まず〔やり取り〕については、伝えるということを大切にしたやり取りが求められている。具体的には、好きなものを伝え合ったり、曜日や何かをする時刻を聞き合ったりなどの活動が想定されている。

また「話すこと」〔発表〕については、外国語活動では人前で実物などを見せながら話す活動が求められる。たとえば自分が好きなものの絵を描き、それを指さしながら I have a dog. I like soccer. のように自己紹介をしたり、つくったオリジナルメニューを見せながら紹介したりする活動である。発音や文章に多少間違いがあっても、聞く相手をしっかり意識し、動作を交えながら相手に伝えようとする態度を育てたい。

「読むこと」「書くこと」については、アルファベットが中心であり、綴りについては、文字に触れ、それを英語表記であると認識できるだけで十分である。

（2）外国語科

高学年では「外国語科」という教科として年間70時間の設定で、「聞くこと」「読むこと」「話すこと」「書くこと」の4つの言語活動がすべて行われる。

以下に前述の『小学校外国語活動・外国語研修ガイドブック』より、5・6年生の単元名をあげる。

まず「聞くこと」については、ゆっくりはっきりと話されれば、日常生活に関する身近で簡単な事柄について、情報を聞き取れることが目標となる。あくまで児童が日々の生活の中で繰り返す出来事や日常生活に密接に関連した内容

第4章　小学校外国語教育・外国語活動のカリキュラムと指導内容

表 4 - 3　5 年生学習内容

単元	単元名
1	Hello, everyone.　アルファベット・自己紹介
2	When is your birthday?　行事・誕生日
3	What do you have on Monday?　学校生活・教科・職業
4	What time do you get up?　一日の生活
5	She can run fast. He can jump high.　できること
6	I want to go to Italy.　行ってみたい国や地域
7	Where is the treasure?　位置と場所
8	What would you like?　料理・値段
9	Who is your hero?　あこがれの人

表 4 - 4　6 年生学習内容

単元	単元名
1	This is ME!　自己紹介
2	Welcome to Japan.　日本の文化
3	He is famous. She is great.　人物紹介
4	I like my town.　自分たちの町・地域
5	My Summer Vacation　夏休みの思い出
6	What do you want to watch?　オリンピック・パラリンピック
7	My Best Memory　小学校生活・思い出
8	What do you want to be?　将来の夢・職業
9	Junior High School Life　中学校生活・部活動

を取り扱うとされている。具体的にはスポーツや人物の紹介，日本の文化，夏休みの思い出などを聞き取る活動があげられる。「ゆっくりはっきりとした」インプットを与えるためには，指導者自身が明瞭な音声で聞き取りやすく発話する必要がある。

　「話すこと」〔やり取り〕については，日常生活や身の回りに関する事柄について，質問したり答えたりして相手とやり取りができることが求められている。具体的には，レストランで注文する場面や道案内などの場面を想定したやり取

りがあげられる。そのために実際の授業では，語彙や定型表現を覚えさせることと同じくらいに重要なこととして，聞き取れなかったことを聞き返す方法やジェスチャーなどの非言語コミュニケーションを日頃から指導者自身が使って見せることが有効である。英語で間違えたり完全には理解できなかったりしても，物おじしないで相手と関わろうとする態度を育てる必要がある。緊張せずリラックスして楽しめるような授業の雰囲気づくりも要となる。

　「話すこと」〔発表〕については，中学年では人前で実物などを見せながら話す活動にとどまっているが，高学年では日常生活に関する身近で簡単な事柄について，聞き手がわかりやすいように内容を整理して話すことが求められる。自分たちの町や夏休みの思い出について発表したり，将来の夢についてスピーチ形式で発表したりするなど，自分で内容を考えることができ，かつ伝えたいと思える事柄について準備して発表するような活動が望ましい。ある小学校で，自分たちで写真や絵をコラージュしてつくった町の紹介カードを見せながら，児童が笑顔で一つひとつ指さしながら町のすばらしさを伝える姿を見たことがある。たどたどしく詰まったり，次に何を言おうか考えたりする様子からも，それが本当の生きたコミュニケーションであることが伝わってきた。（逆に，原稿を棒読みしたりなど，聞く人に伝える姿勢が感じられない発表は望ましくない。）

　「読むこと」については，音声で十分に慣れ親しんだ簡単な英語が活字体で書かれていることを識別したり，絵などから推測して読んだりすることが求められている。

　「書くこと」については，大文字，小文字を活字体で書くこと，語順を意識しながら音声で十分に慣れ親しんだ簡単な語句や表現を書き写すことができるようになることが目標である。

　以上の目標に加え，扱う内容が音声面や語，連語および慣用表現について示されている。音声については，世界中に様々な英語があることを踏まえたうえで，中学校と同様標準的な発音を指導することが定められている。日本語にはない音，とくに母音について，日本語のローマ字表記の読み方と英語の文字の名称の読み方が異なることへの留意も求められている。英語特有のイントネー

ションやリズムに気づかせることも明記されていることから，歌やチャンツを活用し身体感覚を活用して英語特有のリズムに慣れる活動をすることが望ましい。

　語，連語および慣用表現については，中学年で取り扱った語を含め，高学年段階で合計600〜700語に触れさせるとあり，それに加えて，活用頻度の高い連語および慣用表現を学ぶことが求められる。小学校では日常会話で使用される語彙に触れる機会が多いことから，教科書通りの順に語彙に出会うだけでなく，クラスルーム・イングリッシュを通して自然と慣れ親しんでいく表現も多い。

　教科書に載っているゲームやタスクはあくまで活動例であり，費やす時間も扱う順番も自由である。時には，教科書の活動例を目の前の児童に合うように改良してもかまわない。教科書が提案するゲームやタスクは，どこの学校でも実施可能である汎用的なものが選ばれている。たとえば，有名人の自己紹介を聞き取る，などである。しかし本当に児童が生き生きと耳を傾けるのは，有名人の紹介ではなくて，隣のクラスの先生などもっと身近な人物や人気のキャラクターによる自己紹介かもしれない。そういった改良を加えることができるのは，日々児童に接している指導者なのである。

［ 2 ］　学校ごとのカリキュラム

（1）カリキュラム・マネジメント

　文部科学省は，2017（平成29）年9月の初等中等教育分科会における配布資料である教育課程企画特別部会　論点整理の中で，カリキュラム・マネジメントについて以下のように説明している。「教育課程とは，学校教育の目的や目標を達成するために，教育の内容を子供の心身の発達に応じ，授業時数との関連において総合的に組織した学校の教育計画であり，その編成主体は各学校である。各学校には，学習指導要領等を受け止めつつ，子供たちの姿や地域の実情等を踏まえて，各学校が設定する教育目標を実現するために，学習指導要領等に基づきどのような教育課程を編成し，どのようにそれを実施・評価し改善していくのかという『カリキュラム・マネジメント』の確立が求められる。」

外国語活動は年間35時間，外国語科は年間70時間である。中学年では外国語活動として新たに35時間（週1コマ分），教科となる高学年では従来外国語活動で確保されていた35時間に加え新たに35時間が必要となる。つまり，中学年・高学年ともに35時間を新たに確保することになる。その時間を確保するため，各校で他教科を含む時間割や1日のタイムテーブル，年間の時程を工夫することが求められている。カリキュラム・マネジメントについては時間の管理のうえでも従来以上に学校の裁量に任される点が増え，学校の実態や児童の実態に応じた対応が求められる時代になったといえる。

英語教育の蓄積が十分である，あるいは英語教育に熟達した指導的立場の教員がいる学校であれば，これまでの教育を大きく変えるくらいの抜本的なカリキュラム・マネジメントも夢ではない。一方，小規模校や学校数の少ない市町村では，同じ中学校区の小学校間，あるいは市町村単位で方針を検討するのが現実的である。隣同士の学校がまったく異なるカリキュラムで指導していると，保護者の不安が高まる，あるいは両方の児童が同じ中学校へ進学し差がある可能性もあるからである。

このような意味でのカリキュラム・マネジメントはまだ緒に就いたばかりであり，2018（平成30）年度からの新学習指導要領への移行措置期間はもとより，完全実施後も検討や改訂が重ねられていくと予想される。小学校英語を指導する指導者は，その学校独自のカリキュラム・マネジメントがあるということを理解し，その意図に沿った指導を心がける必要がある。

（2）短時間学習の特色と意義

中学校では，小学校高学年の倍にあたる年間140時間（週4コマ）の英語の授業が設定されている。外国語を習得するためにはできる限り時間数を確保することが望ましいが，小学校の新教育課程で確保できるのは70時間である。ただこの70時間を必ずしも週2コマで確保する必要はなく，短時間学習で確保することが可能である。

短時間学習とは，通常の45分授業以外の時間を使って，合計45分になるよう

にするものである。帯活動，あるいはモジュールとも呼ばれる。もし15分の短時間学習を週3回設定すれば，1コマの授業と同じ45分になる。時間の長短よりもその言語に接する回数を増やすほうが言語習得に有効であるという考え方もある。さらに，週2コマで確保したうえで「朝学習の時間や朝礼の後に10分」，あるいは「昼休みの後5時間目の開始前に10分」などの短時間学習を行えば，年間70時間を超える英語学習をすることが可能になる。このような理由から短時間学習を実施・検討している学校は少なくない。

　短時間学習で取り扱う内容は学校によって様々である。10～15分の帯活動では，休み時間から学びの雰囲気へと児童の気持ちを切り替えさせたり教材の準備をしたりしているうちに時間が過ぎてしまうため，歌やチャンツを歌う，アルファベットを書く練習をする，DVDを見るなど決まったパターンの活動をさせている学校もある。反対に，そういった活動は45分の授業のウォームアップやクールダウンで使うべきであり，短時間でもコミュニケーション活動を入れるべきだという考えの学校もある。また短時間学習より70時間すべてを通常の授業時間内で確保するべきだとする学校もある。短時間学習が，そのときの児童の事情や行事などの関係で，流れやすい，つまり実施されず仕舞いになることが多いことや，15分学習の指導案は現在のところ一般に提供されていないこともその理由の一つである。

3　特色あるカリキュラム

（1）他教科とのクロス・カリキュラム

　小学校は基本的に全教科を担任が指導するため，他教科で学んだ内容を英語の活動に取り入れる取組みがよく行われてきた。たとえば，社会科で扱った日本地図や世界地図に，地名や国旗，名産物などを組み合わせた教材や，算数で習った四則計算や時計の読み方を組み合わせた教材を使うと，学習する英語項目は同じでも教材のおかげで活動に現実味が加わり，新たな気持ちで取り組むことができる。英語が不得意でも他教科は得意という児童もいる。また日本語

で一度理解している内容なので，英語そのものに意識を向けやすい。何より，「買い物をしているという設定」「ピザをつくるという設定」ではなく，他教科で学習した内容そのものを英語を使ってやり取りすることが，コミュニケーション活動にリアリティをもたらす。

　2002〜10年までは，英語活動は基本的に「総合的な学習の時間」の中で国際理解教育の一環として行われていた。国際理解教育は自分と異なる文化や考え方を理解し受け入れる心を育てるものであり，人類の共生・平和へとつながるものである。小学校段階で起こり得るいじめや人間関係のトラブルを見ても明らかなように，相手の気持ちを察する力を育てることが教育の第一歩であることはいうまでもない。他者理解すなわち，多面的思考ができる人材の育成でもあり，人格の形成という教育の基本を担う学びともいえる。

　国際理解教育には，留学生などを招待して交流会をしたり，異文化について調べたりといった活動の中で自然と英語や他の外国語に触れるという，英語に限定しない取組みもあった。筆者が勤めていた小中一貫校は，タイの学校と交流しており，タイの中学生10名ほどを毎年招待していた。タイの生徒の訪日の半年前から，飾りつけや交流会の出し物などを学年ごとに担当を決め，総合的な学習の時間を使って準備をしていた。お手本を見ながらタイ語で歓迎の言葉を書いた看板をつくり，タイ語の歌を練習した。また日本の観光地について説明する準備をしたり，日本文化である和太鼓や茶道をタイの生徒に体験してもらうために，事前にそれらの練習を行ったりもした。

　これらは英語に特化したものではなく，むしろ自国の文化を知る取組みという側面が大きい。しかし自国の文化を理解するからこそ，異なる文化をも尊重し興味をもつことができる。タイの生徒にタイ語の歌を大喜びして聞いてもらう体験と，逆にタイの生徒が日本語の歌を練習してくれていて，じょうずに歌ってくれるのを聞く体験は，どちらもかけがえのない国際理解の学びである。しかし，児童生徒たちは，このようなフォーマルな発表以外の個別の交流時間には，互いの母語を知らないので，英語を使わざるを得ない。つまり，国際理解教育のための行事に英語が入り込む事例である。これは中学生の事例であり，

第4章　小学校外国語教育・外国語活動のカリキュラムと指導内容

小学生同士がこのように英語を介して交流する事例は少ないが，今後英語の時間数が増えれば可能性が生まれてくる。

　外国語科がそのような教育を担うという観点からすると，なぜ他の言語ではなく英語なのかを最初に教えないで，校内の教室名をすべて英語で書くなど，英語のみに触れる環境を児童に与えることには，違和感をもつという意見もある。異文化理解の大切さ，言葉でわかり合うことの大切さを学び，そのうえで世界共通語としての英語にたどり着くという視点は，英語が教科となった後も，とくに小学校では大切にしてほしい。総合的な学習という名前がついていない時間であっても，小学校の学びとは本来総合的なものである，とよくいわれてきた。小学校での優れた実践の蓄積は，教科化になった後も学校現場の宝として受け継がれることが望まれる。

（2）行事とのクロス・カリキュラム

　教科とのクロス・カリキュラムと同じくらい英語教育に効果的なのが，行事とのクロス・カリキュラムである。従来からその実践例や成果は数多く報告されてきた。修学旅行で海外の人と交流したり，上級生が下級生にプレゼンテーションをするなどの異学年交流や小中学校の交流を行ったり，文化祭などの行事に英語劇や英語の合唱を取り入れたり，などがあげられる。これらを教科になる前だからできた実践だと判断するのは誤りである。中学校・高校の英語教育の歴史の中でも，教室内だけで完結する英語教育では，英語が外の世界とつながっていることを実感させることが難しいことは明らかになっている。そのため，スピーチコンテストやメールを通した海外の学校との交流などに取り組む中学校・高校が多いのだ。

　英語の指導を「学校行事で扱う内容と関連付けたりするなどの工夫をする」ことは新学習指導要領（2017a）でも明記されている。単に，英語の授業内で行事に少し関連したことを行うという簡単なものから，特定の行事を中心としたプロジェクト型学習まで，様々なものが考えられる。これらはクラス単位，学年単位でできるものから，学校単位での取組みとなるものまで様々である。カ

55

リキュラム・マネジメントの視点でいえば，学習発表会などの行事や準備を総合的な学習の位置づけとして行うことが可能であるように，英語に関係する行事を英語の授業にカウントして行うことも可能である。

　授業の中で設定する実際のコミュニケーションの場面設定には限界がある。好きなものをお互い知っているクラスメート同士で，好きなものを聞き合ったり，買い物ではないのに買い物をしている演技をして会話をしたりするのである。もちろん児童はそういった活動を楽しんで行うが，行事にからめたプロジェクトがあれば，日頃とはまた異なった学びが生まれる。

　授業で学んだことを生かすための，児童がわくわくするような実践の場が目標として設定されているとする。たとえば，学習発表会で英語の歌を歌ったり，修学旅行で外国の観光客にインタビューをしたりといった目標である。すると，その実践の瞬間だけでなく，それに向けての準備を英語の授業内で行うときから，児童の意欲を高められる。普段の教室ではできない，第三者に英語を聞いてもらったり第三者とコミュニケーションしたりする体験は，児童にとってかけがえのないものになる。

引用・参考文献

文部科学省（2015）初等中等教育課程企画特別部会論点整理（配布資料）。(http://www.mext.go.jp/b_menu/shingi/chukyo/chukyo3/siryo/attach/1364319.htm)
文部科学省（2017a）『小学校学習指導要領』。
　（http://www.mext.go.jp/component/a_menu/education/micro_detail/__icsFiles/afieldfile/2017/05/12/1384661_4_2.pdf)
文部科学省（2017b）『小学校学習指導要領　解説』。
　（http://www.mext.go.jp/a_menu/shotou/new-cs/1387014.htm)
文部科学省（2017c）『小学校外国語活動・外国語研修ガイドブック』。
　（http://www.mext.go.jp/a_menu/kokusai/gaikokugo/1387503.htm)
文部科学省（2017d）『Let's Try! 1,2』サンプルは以下よりダウンロード可能。
　（http://www.mext.go.jp/b_menu/shingi/chousa/shotou/123/houkoku/1382162.htm)
文部科学省（2017e）『We Can! 1,2』サンプルは以下よりダウンロード可能。
　（http://www.mext.go.jp/b_menu/shingi/chousa/shotou/123/houkoku/1382162.htm)
　（以後の章における文部科学省 a〜e の引用時には URL は省略する）

第4章　小学校外国語教育・外国語活動のカリキュラムと指導内容

＿学習の課題＿

(1) 本章に掲載された3・4年生の単元名と5・6年生の単元名を比較して，どのような違いがあるか話し合ってみよう。

(2) 文部科学省のハンドブックにある3・4年生と5・6年生のカリキュラムを見て，文字の指導内容に関して簡単に説明してみよう。

(3) 発表活動に関して，中学年と高学年を比較して説明してみよう。

【さらに学びたい人のための図書】

萬屋隆一・直山木綿子・卯城祐司・石塚博規・中村香恵子・中村典生（2011）『小中連携 Q&A と実践：小学校外国語活動と中学校英語をつなぐ40のヒント』開隆堂。

⇨現場で活躍している小中学校教員が，指導すべき内容と具体的な指導法についての実践的アイデアを紹介している。

泉惠美子，門田修平（2016）『英語スピーキング指導ハンドブック』大修館書店。

⇨読み聞かせや情感のこもった発話，絵の使い方など，生き生きとしたやり取りを教室で実現するための実践を紹介している。

（山本玲子）

第5章	指導者に必要な基礎的な英語力

この章で学ぶこと

まず本章では，小学校英語で大切な発音とプロソディ（強勢・高低・抑揚など音素の発音以外の要素）について，小学校で英語を指導するために必要とされる能力を理解する。次に，小学校で英語を指導するのに必要な語彙・文法力とはどのようなものであるかを知る。また間違えやすい表現例から，どのようなところに気をつければよいかを具体的に学ぶ。さらに，クラスルーム・イングリッシュ，やり取りなどにおける実際の指導例を知り，今後習得すべき目標を理解する。そのうえで，必要な英語力に向けての見通しをもてるようになることをねらいとする。

1　小学校の指導者に必要な基礎的な英語力とは何か

　小学校での外国語活動および外国語科としての英語を教えるために，担当する教員がどのような基礎的な英語の知識や技能をもっているべきかを知り，小学校教員志望者がそれに向けて研鑽に励むよう，目標レベルを示すのがこの章のねらいである。小学校教員養成課程には，本書を活用するような初等英語の指導法の科目のほかに（あるいは統合的に），教科の内容面を学習する科目があり，その中で，英語学，英語コミュニケーション，英文学や異文化理解などを学ぶ科目が設定されているはずである。したがって，その内容面の科目の中でも，小学校で英語を教えるうえで必要な英語力を培う機会はあろう。ただ，本章では，あくまで，小学校教員に必要な英語力を，小学校英語を教えることと関連づけながら定義していく。

　実際のところ，小学校で英語を教える場合に必要な英語力がどの程度の力なのかは，検証を経て明確な中身やレベルがわかっているというわけではない。

58

第5章 指導者に必要な基礎的な英語力

第2章「海外の実践から見えてくる小学校英語教育の課題」で示されているように，国によって教える時間や考え方が違うからか，望ましいとされる英語力には差がある。第2章のまとめによれば，日本の英検の準1級に相当する力が必要だとする国も多く，小学生の学ぶ英語のレベルが低いからといって，指導者の英語力も低くてよいというわけではないことがわかる。

　数は少ないが，中学校・高校の英語教員に必要な英語力とは何かを探った文献（池野，2005，石田他，2004）がある。そのうちの池野（74〜75頁）では，英語教員が英語でできることが理想とされる22項目の能力陳述文がリスト化されている。それらを技能ごとにまとめると，①モデルにふさわしい正しい発音が可能なこと，②教える内容の英語や指示のための英語，ALTやゲストとの対話のための英語が話せること，③説明のための例文がつくれて，英文を様々に言い換えたりすることができ，英語に関する質問に答えられること，④正しい英語が書けること，⑤英語の教材になる題材に目を配り，英語学習教材がつくれることがあがっている。次節では，まず①に対応する発音・プロソディ，第3節で，②，③，④，⑤にまたがって関連する語彙，文法を取り上げる。最後に②に関する話す能力について，小学校英語教育担当者が知っておくべきことをまとめる。

2 発音・プロソディ

（1）リンガフランカとしての英語

　グローバル化時代の中で，英語はリンガフランカ（Lingua franca），すなわち世界の共通語の役割を担う言語として用いられている。英語の母語話者よりも第2言語や外国語として英語を話す人の数が優位になったいま，英語母語話者（ネイティブ・スピーカー）のような発音は必ずしも不可欠ではない。しかしここで注意すべきなのは，母語話者の規範を無視してよいという意味ではないということである（佐島他，2015）。アメリカ英語なり，イギリス英語なりといった何らかの英語母語話者の発音を目指して学習した結果として，母語話者の発音と異なる発音上の特色が混じった英語を話すことと，初めから発音練習は軽

59

視してよいと考え，自己流に発音することの間には，大きな差がある。英語学習者として，小学生は初めて聞いた音をかなり近い音で模倣し再現できるという特性をもっている。その時期に正確な発音やプロソディに触れさせることは，小学校の外国語教育でも大切にしたい点である。

（2）音素の発音

「発音」とひとくくりで呼ばれることが多いが，実際はそのうちの重要な要素として，rとlの違いのような個々の音がある。意味の違いをもたらす言語の最小の単位は「音素」と呼ばれる。小学校では，アルファベット26文字（例：a）に，それぞれ対応する代表的な音素1つ（例：æ）を当てはめ，その音素を含む単語1つ（例：apple）をセットにして文字や，文字が音を代表することを教えることが多い。指導者は，その音素を正確に発音する必要がある。対応させる単語は教材によって異なるが，表5‐1にその一例を示す（／　／内は発音記号，以下同じ）。

表5‐2は，表5‐1には出てこなかった他の音素を含む，英語のすべての音素をわかりやすくまとめたもの（里井，2014）である。なお，／ɑ|ɒ／と／oʊ|əʊ／については前者がアメリカ発音，後者がイギリス発音となっている。

中学生や高校生向けの英和辞典の冒頭や別冊などに英語の音素の一覧や例となる単語が提示されていることが多く，インターネット上でも閲覧や練習ができるサイトがあるので，実際に音声を出してみたりして正しく発音できるように習熟しておくとよい。

（3）プロソディ（リズム）

近年，世界の共通語としての機能に注目し「通じやすい英語の発音」を分析する研究が進んできた。日本語話者の英語が通じにくい理由の一つとして，母音を不必要に挿入するためアクセントの位置がずれ，英語らしいリズムが失われることがあげられる（里井，2014）。リズム，つまり言語学での用語で「プロソディ」の構成要素である強勢（アクセント），高低（ピッチ），抑揚（イント

第 5 章　指導者に必要な基礎的な英語力

表 5-1　アルファベット26文字が示す代表的な音素

a - / æ / - apple	b - / b / - bag	c - / k / - cup
d - / d / - dog	e - / e / - egg	f - / f / - fish
g - / g / - guitar	h - / h / - hat	i - / ɪ / - ink
j - / ʤ / - jet	k - / k / - king	l - / l / - lemon
m - / m / - monkey	n - / n / - notebook	o - / ɑ / - octopus
p - / p / - pen	q - / k / - queen	r - / r / - rabbit
s - / s / - star	t - / t / - tree	u - / ʌ / - umbrella
v - / v / - violin	w - / w / - water	x - / ks / - box
y - / j / - yard	z - / z / - zoo	

表 5-2　英語の音素

〈母音〉24種	・短母音：7種　/ɪ//e//æ//ɑ|ɒ//ʌ//ʊ//ə/ ・長母音：5種　/iː//uː//əː(r)//ɔː(r)//ɑː(r)/ ・二重母音：8種　/aɪ//eɪ//ɔɪ//oʊ//aʊ//eə//ɪə//ʊə/ ・三重母音：4種　/aɪə/　/aʊə/　/eɪə/　/eɪɔ/
〈子音〉26種	・閉鎖音（3対6種）：/p//b/　/t//d/　/k//g/ ・摩擦音（4対8種+/h/）：/f//v/　/θ//ð/　/s//z/　/ʃ//ʒ/　/h/ ・破擦音（2対4種）：/tʃ//ʤ/　/ts/dz/ ・鼻音（3種）：/m/　/n/　/ŋ/ ・接近音（4種、流音2種+半母音2種）：/r//l/　/w//j/ 　　　→/f//v/　/θ//ð/　/r/は日本語にはない

出典：里井久輝（2014）『英語教育学の今——理論と実践の統合』より。一部改変。

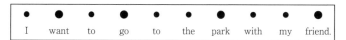

図 5-1　短文によるアクセントの例

ネーション）は，三者が総合して，英語らしさを生み出す。

　たとえば，I want to go to the park with my friend.（私は友だちと公園へ行きたい）という文を発話するとする。英語では大切な意味をもった語にアクセントが置かれる。アクセントが置かれる母音に大きい丸（●）を，置かれない母音に小さい丸（●）を当てはめると，図 5-1 のような強弱になる。

英語ではアクセントが置かれる箇所を同じ間隔で発話するので，小さい丸の数に関係なく，同じスピードの4拍で want, go, park, friend が発音される。手を4回たたきながら発音してみよう。小さい丸の箇所は，早口で読んだりゆっくり読んだりしないといけない。その結果，きれいなリズムが生まれるのがわかる。これが「英語らしいリズム」である。英語話者はアクセントが置かれる語に注目して聞き取っているので，リズムが正しければ何を言っているのか理解できる。したがって，日本語のように平板なリズムで発話すると，聞き取ってもらえなくなってしまうのである。want to が連結して t の音が1つになることや，with my が連結して「ウィマイ」のように聞こえることに気づくことができれば，「音が連結する」「音が消える」といった英語の特徴にも納得できるはずである。

日本語話者のよくやる間違いが，want の t，park の k，friend の d の後ろに母音を入れ「ウォン<u>ト</u>」「パー<u>ク</u>」「フレン<u>ド</u>」のように発音してしまうことである。この発音で，先ほどと同じように手を4回たたきながら発音してみよう。リズムが崩れ，とうてい「英語らしいリズム」では読めないことがわかるはずだ。母音がないはずの箇所に母音を入れることで，大きな丸の数が増えてしまうのだから，リズムが取れるはずがない。つまり，母音がない個所に母音を入れてしまいがちな日本語話者の癖は，意識して直していきたいものである。

3 語彙・文法

（1）教師が知っておくべき語彙と語彙についての知識

新学習指導要領では，小学校段階で扱う語彙を600〜700語程度としている（『小学校学習指導要領』139頁）。表5-3は，文部科学省が作成した『小学校外国語活動・外国語研修ガイドブック』に記載された3〜6年生の学習カリキュラムの中から，学習する語彙のカテゴリーを学年別に列挙したものである。

小学校では，生活語彙の英語を多く扱う。中学校では難解な語彙を習う一方で「はさみ」「のり」などといった基本的な語彙を習わないことが，日常会話

第5章 指導者に必要な基礎的な英語力

表5-3 小学校英語で扱う語彙

3年生	気持ちを表す語，色，スポーツ，飲食物，野菜・果物，動物，数字（0～30），形，昆虫，身体の部位，状態や気持ちを表す語など
4年生	天気，動作，遊び，衣類，曜日，数字（40～100），生活時間，文房具，身の回りの物，野菜，飲食物，学校・教室，日課など
5年生	飲食物，動作，教科，状態や気持ちを表す語，国，施設，手伝いの表現，身の回りの物，建物，季節，月，職業，家族，序数など
6年生	動作，施設，学校行事，日本の行事，自然，味覚，職業，スポーツ，動詞の過去形など

が英語でできないことの一因にもなっていた。小学校英語が開始したことで，中学校でも日常会話をするための語彙が豊かになったという声があるほどである。教科書に出てくる語彙は，その都度ティーチャーズ・マニュアルでも確認できるので知っていなくても問題ないが，生活語彙として使いそうなものは一通り知っていることが望ましい。

　これらの語彙は基本的に中学校で学習する範囲内の語彙なので，単語の中心的な意味については一般的に大学生には既知の語彙であろう。ただ，それを正しく運用するとなると，たとえば名詞には，数えられる名詞と数えられない名詞があり，さらにいえば，多くの名詞がその両方の意味をもっているので，指導者は，語彙の正しい知識や用法も併せて知っておく必要がある。小学校現場でよく見受けられる，単語の知識の欠如による間違いを3つあげておく。

〈間違い例1〉「私は犬が好きです」I like dog.

　正しくは I like dogs. である。些細に見える誤りであるが，普通名詞に冠詞をつけずに単数のまま使用すると物質名詞（犬の肉）に変化してしまうので，実は深刻な誤りである。このような誤りが児童の発話から消えるには長い時間を要するが，指導者が正確な表現を聞かせ続けることで，児童は自然と気づいて修正するのが理想的である。

　また複数形の s についてはたとえば，dogs, boxes, caps の s の場合，それぞれ /z/，/iz/，/s/ と発音が異なるが，中学校でスペルを見せながら明示的に指導してもその違いがなかなか定着しない。しかしスペルを見ずに耳で聞

63

いているだけの小学生は、自然にその違いに気づいて自らも正確に発音することが多い。明示的に説明されるよりも自分で気づいたり予想したりする学びが、いかに負担感を与えずに定着させる理想的な学びであるかの好例である。逆にそれだけ指導者の正しいインプットが必要だともいえる。

〈間違い例2〉「先生、おはようございます」**Good morning, teacher.**

よく似た誤りに、Good morning, Mr. Taro. や Good morning, Taro teacher. がある。まず、英語では呼びかけに teacher を使用しない。日本語でよく「先生、先生」と呼びかけるため、中学生はふざけてよく「山田ティーチャー」と呼んだりするが、和製英語の一種である。また Mr. や Ms. の後ろは基本的に苗字である。しかし、小学生や小学校教員の中にはこれらを正しいと思って使用しているケースがある。では教員のことをどう呼べばよいのかであるが、Mr. Yamada のように苗字で呼ぶか、あるいは Yamada sensei や Taro sensei のように、「先生」をそのまま日本語で呼ぶかのいずれかが一般的である。学校全体で統一した呼び方にするためにも後者が望ましいかもしれない。sensei という日本語は英語圏でもかなり知られているので、ALT の多くも sensei をそのまま使うことを支持する傾向があるようだ。

〈間違い例3〉「彼はだれですか」**Who is he?**

この文自体は正しい。しかし使われる文脈に注意が必要である。この文が使われる活動として、有名人の写真などを黒板に貼り、誰であるかを問う導入を紹介する。通常、下に囲んだようなオーラル・イントロダクションが考えられる。

しかし、実際には黙って写真を黒板に貼り、いきなり Who is he? と問いかける指導者がいる。これは、「彼は」= he、「彼女は」= she、のように日本語と英語の語彙が常にイコールの関係だと思っていることからくる誤りである。日本語であれば、いきなり「彼は誰ですか?」と問いかけても間違いではないからだ。英語の代名詞は、代名詞という名の通り「一度話題に出てきた名

> OK, everyone.（写真を黒板に貼る）
> Look at this picture.（写真を指さす）
> Look at this man.
> Do you know this man?
> Who is he?

詞を受けて，繰り返しを避けその代わりに使うもの」である。this man という描写を行った後，man という語を繰り返すのを避けて he で受けるのであれば自然だが，いきなり Who is he? と問いかけるのは不自然なのである。このような誤りは高校生，大学生のプレゼンテーションでもよく見られることから，he，she を「彼は」「彼女は」という意味ではなく「その人は」という意味で教えるべきだ，と主張する研究者もいる。

（2）教師に必要な文法知識

2017（平成29）年3月に告示された新学習指導要領（139～140頁）によれば，小学校外国語科で学習する構文は表5-4（抜粋）の通りである。

しかし，先の第1節で見たように，教師は，児童が学び産出もできる英語の文法を知っている以外に，ALT との打合せ時の会話，教材に加工して使う可能性のある英語の文章の理解，歌や絵本の文章，児童に授業中に語り聞かせる際の文章など，扱うべき英語は豊富に存在する。

たとえば，歌や絵本の中には，表5-4の文型のほかに，主語＋動詞＋目的

表5-4　小学校外国語科で扱う構文

```
（ア）文
 a  単文
 b  肯定，否定の平叙文
 c  肯定，否定の命令文
 d  疑問文のうち，be 動詞で始まるものや助動詞（can, do など）で始まるもの，疑問詞
    （who, what, when, where, why, how）で始まるもの
 e  代名詞のうち，I, you, he, she などの基本的なものを含むもの
 f  動名詞や過去形のうち，活用頻度の高い基本的なものを含むもの

（イ）文構造
 a  ［主語＋動詞］
                                      ┌ 名詞
 b  ［主語＋動詞＋補語］のうち，主語＋be 動詞＋├ 代名詞
                                      └ 形容詞
                                            ┌ 名詞
 c  ［主語＋動詞＋目的語］のうち，主語＋動詞＋└ 代名詞
```

語＋補語になる例も多々出てくる〔例：“Brown Bear, Brown Bear, What Do You See？” の絵本では，I see a yellow duck looking at me.（黄色のアヒルが私を見ているのが見える）のような文が繰り返し出てくる〕。前置詞句（in the pond, over the ocean など）や，接続詞のある文章（because, if, when, など）も文脈によっては扱わざるを得ない。児童に言わせることはなくても，教師がよく使う指示英語の中に，現在完了形を使うもの（Have you finished？ もうできた？）や，「わかった？」という日本語に対応するものとして英語で児童の理解を聞くときの時制の選び方（Did you understand？ ではなくて，Do you understand？）など，知っておくべきことは多い。今後，小学校教員になろうと思っている人は，少なくとも中学校で扱う基本的な文法事項について，例文が豊富な文法書を熟読しておくことをすすめる。

　次に，中学校や高等学校で学んだときには，さほど重要な文法事項であると認識はしていなかったにもかかわらず，英語を英語で教えるときには頻出するエラーを2点あげておく。実際の公開授業などの後に指摘して，授業担当をした教員に思い出してもらうことが多い例である。

〈間違い例4〉ALT：Don't you like natto？　担任：Yes.

　否定疑問文は，小学校で扱う学習事項ではないが，ALT は既習・未習問わずに様々な表現を使ってくる。それが ALT のよい点でもあり，児童が生の英語に触れる機会でもある。難解な表現であれば担任も用心するが，否定疑問文というのは表現そのものは平易なので，疑わずに自信をもって返答してしまう。そこでよく見られるのが Yes と No の誤用である。Don't you like natto？「納豆は好きではないですよね」という質問に対し，日本語では「はい，好きではありません」と答えるが，英語では「いいえ，好きではありません」と答える。後ろに I do がくるか I don't がくるか（省略されていても同じ）によって，Yes と No を使い分けるのである。担任が Yes と答えたこのケースでは，ALT は「納豆はおいしいですからね」と返し，担任は「えっ，私は納豆が嫌いなのですよ」といぶかり，会話が成立しなくなってしまった。聞いている児童も混乱するので，十分注意する必要がある。

〈間違い例5〉**I don't like natto, too.**

　また，「私も納豆が好きではありません」という意味で指導者がこのような表現を使っていることがある。同じようによく見る誤りとして，I don't like natto. と言った相手に対して Me, too. と返しているケースがある。肯定文に対して「私も」と返す場合は too をつけるが，I don't like natto. のような否定文に「私も」と返す場合は，I don't like natto, either. や Neither do I. が正解である。

4　話す力

（1）クラスルーム・イングリッシュ

　英語教育改革が小中学校・高校を通じて進められる中で，英語で授業を行うことが中学校・高校でもかなり浸透してきた。しかし小・中・高校の教員に調査したところ，学習者の年齢が下がるほど英語での授業が適しているという意見はどの校種の教員も一致している。その理由として，学習内容が少ない時期は複雑な説明を必要としないため英語で授業を進めやすいこと，年齢が上がるほど他者と比較する自意識や受験など「英語を聞いて完全に理解できないこと」に対する不安感をあおる要因が増えるのに対し，年齢が低いほど「すべての意味が理解できない状態」への抵抗が少なく，むしろ意味の予想や想像を楽しむ余裕があることがあげられる。したがって，小学校では児童の理解可能なクラスルーム・イングリッシュをできる限り使い，英語で授業を進めることが望ましい。

　児童の理解可能なクラスルーム・イングリッシュを使った授業とは，フレーズや文章で指示して児童に伝わっていないと感じたときに，短い表現で言い換えたり，表情やジェスチャーでヒントを出しながら英語だけで進めることである。たとえば I want some volunteers. Would you be a volunteer? の代わりに，指導者自身が手をあげながら Any volunteer? と一言言って挙手をうながしたり，If you forget your textbook, I am sad. の代わりに No textbook? Oh, I'm sad. のように端的な表現に感情を込めて伝えたりすることを指す。感情や

表5-5 児童へ指示するための英語（クラスルーム・イングリッシュ）

日本語（訳）	表　現
2列になりなさい。	Make two lines.
ペアになりなさい。	Make pairs.
円になりなさい。	Make a circle.
歩き回って相手を見つけなさい。	Walk around and find a partner.
やりたい人はいますか。	Any volunteers?
手を叩きましょう。	Let's clap our hands.
机を寄せなさい。	Put your desks together.
前に来なさい。	Come to the front.
向かい合いなさい。	Face each other.
じゃんけんをしましょう。じゃんけんぽん！	Let's play rock, paper, scissors. One, two, three!
カードを取り出しなさい。	Take out your cards.
絵を指差しなさい。	Point at the picture.
線を引きなさい。	Draw a line.
私のまねをしてください。	Copy me.
ノートに貼りなさい。	Glue it in your notebook.
あと1分です。	One minute left.

　ジェスチャーを伴うと意味が伝わりやすいだけでなく，指導者の情動に児童が共鳴し表面的な意味以上の思いが伝わる。

　文部科学省のサイト（http://www.mext.go.jp/a_menu/kokusai/gaikokugo/_ics-Files/afieldfile/2017/07/07/1387503_3.pdf）の中の『小学校外国語活動・外国語ガイドブック』にはクラスルーム・イングリッシュの詳細なリストが公開されているので参考にされたい。あいさつや励ましなど，日常生活でも使う表現もあるが，ここでは教室での活動時の使用にほぼ限られる表現を掲載する（表5-5）。

　自分で練習する時は，英語から日本語，日本語から英語にするとよい。ペアになり，1人が英語や日本語を読みあげ，もう1人は何も見ずに英語を日本語に，日本語を英語に直して口頭で言っていく練習も効果的である。これらを繰り返して，すぐに教室で言えるように練習しておくことが重要である。

第5章　指導者に必要な基礎的な英語力

（2）語る力と会話する力

　小学校で英語を教える際に教師が話す場面を考えてみると，まず，①授業はじめのウォーミングアップとして，その時にふさわしいちょっとしたエピソードを，視覚的に示す絵や写真なども時には使用しながら，語り聞かせる場面が考えられる。（いわゆる「スモールトーク」といわれるものである。）これと兼ねる場合もあるが，本時の学習内容である単語や構文の導入として，それらの目標となる文章を使って何らかのエピソードを語り聞かせる場合がある。（この導入部分の語り・談話を「スモールトーク」と呼ぶ人もある。）したがって，小学校での英語授業の担当者は，簡単で自然な英語の文章で児童の顔を見ながら語って聞かせる英語力が必要である。

　次に，②もし授業が ALT，英語専科教員，その他のスタッフとのティームティーチングで行われている場合には，スモールトークや新学習内容の導入を，上記のようなモノローグではなく，対話として行うことができる。対話を児童の前で語り聞かせるのは，話す分量が半分ですむ利点もあるが，うまく対話が成立しなければならないという意味で，モノローグよりも即興性や柔軟性が必要になってくる。

　上記の①，②に関する「話す力」を身につける際に，もう一点注意すべきなのは，教師が伝えたいことを話す語彙や表現を獲得するだけでは不十分で，それを英語力が非常に乏しい児童にどう理解させるかという，ティーチャートークの工夫ももち合わせていることが必要だということである。聞き手は自分と同等に英語ができる相手ではないことを踏まえ，視覚的情報，文脈の力，児童のもっている様々な社会・世界に関する知識を使うなど，ティーチャートークに関する技術的なノウハウは蓄積されているので，この点に焦点化した，本書の第10章「ティーチャートーク」を熟読されたい。

　ここまでは，授業内で必要な教師のスピーキング力であったが，もう一つ，授業外で必要になってくる話す力が，③ALT との打合せに必要な英語力である。ALT の中には，短期間で日本語を上達させ，日本語での打合せにまったく支障のない人もいるが，必ずしも全員がそうであるわけではない。この場面

69

こそ，第3章で述べた，コミュニケーション能力のうちの「方略的能力」を駆使して，相手の意思を尊重しつつ，それでも主張すべきことはきちんと理解してもらい，両者が納得したうえで授業に臨めるよう，英語，日本語，ジェスチャーなどを総動員して，伝えるべきことを伝え合えるコミュニケーション能力が問われる。

　以上，①，②，③に分けて，小学校英語授業担当者に必要な「話す力」についてまとめた。一見難しそうに見えるかもしれないが，英語の語彙・表現のレベル自体は，中学校で学習するレベルの英語でまかなえるのではないかと考える。練習が必要なのは，そうした基本的な英語を実際に「使う」経験を積み，自信を培うことであろう。

　本章では，小学校英語授業担当者に必要な英語力を，発音，語彙，文法，話す力の順に説明してきた。もちろん，自主教材の選択のために，インターネットをはじめ，世の中にあふれている英語教材を聞いたり読んだりする力があれば便利だし，児童に配布する教材を自分で正確に書ける力があれば理想的である。しかし，本章では，文部科学省や教科書から提供される教材を使いつつ，それでも絶対に必要な「教師の英語力」に特化した。優先順位の高い知識・技能から順に高めていってほしい。

引用・参考文献

池野修（2005）「英語教員に必要とされる英語コミュニケーション能力——構成概念の定義と教員の認識の調査」『四国英語教育学会』25号，71〜80頁。

石田雅近・緑川日出子・久村研・酒井志延・笹島茂（2004）「平成15年度文部科学省初等中等教育局国際教育課委嘱研究「英語教育に関する研究」報告書——英語教員が備えておくべき英語力の目標値についての研究」https://www.cuc.ac.jp/~shien/terg/15ishoku.pdf よりダウンロード。

佐島隆・佐藤史郎・岩崎真哉・村田隆志（2015）『国際学入門』法律文化社。

里井久輝（2014）「英語発音の基礎と実践」『英語教育学の今——理論と実践の統合』全国英語教育学会，65〜69頁。

文部科学省（2017a）『小学校学習指導要領』。

文部科学省（2017c）『小学校外国語活動・外国語ガイドブック』。

第 5 章　指導者に必要な基礎的な英語力

学習の課題

(1)　教師役を交替しながら英語だけで10分程度の模擬授業をやってみよう。どのようなクラスルーム・イングリッシュが必要だったかコメントや助言を出し合おう。

(2)　昨日のこと，自分の紹介，事物の紹介（人物の写真や絵などを見せて），自分の気持ちなどテーマを決めて，児童になったつもりで英語でやり取りをしてみよう。

【さらに学びたい人のための図書】

鳥飼久美子（2011）『国際共通語としての英語』講談社。
　　⇨英語は正確である必要はないが指導者側が文法等を軽視してはいけない，その理由が明快に解説されている。

Carolyn Graham（2003）『Jazz Chants』オックスフォード大学出版。
　　⇨授業で使えるだけでなく，大学生が英語のリズムを習得するのに適したチャンツが掲載されている。関連する CD を使えば独学で練習することもできる。

（山本玲子）

第6章 低中学年の指導

この章で学ぶこと

この章では，小学校外国語教育の実践編のうち，低学年及び中学年を対象とした「外国語活動」での指導について，その考え方と実践方法を学ぶ。高学年児童が教科として外国語を学習する前段階に，外国語活動として学習が義務づけられている中学年に英語を指導する際，さらには低学年に任意で授業を行う場合に，何をどのように取り入れたらよいのかについて具体的に学び，授業の組み立て方を理解する。

1 低中学年で身につけたい資質や能力と活動例

（1）低中学年の発達段階に応じた指導のあり方

3・4学年を対象に義務づけられた外国語活動では「聞くこと」，「話すこと」，を通して音声中心に英語の音に慣れ親しみ，コミュニケーションに対する意欲，態度を育てることが目標とされている。児童が興味関心を示すような身近な事柄について，音声でコミュニケーションをとる体験をたっぷりと味わわせ，児童の「わかった！」「聞きたい！」「言いたい！」「もっとやりたい！」という思いを教師がどれだけ増幅できるかが目標達成のキーポイントである。

児童の多くは外国語活動で初めて英語に触れるため，まずは「聞くこと」を十分に取り入れる必要がある。好奇心旺盛で未知のものへの抵抗感が少ない低中学年児童には，日本語にない英語特有の音に楽しく慣れ親しませたい。とくに低学年児童は身体を動かしながら活動そのものを楽しむことができるので，英語の手遊び歌やチャンツなどをたくさん取り入れるとよい。低中学年に限らず，英語を聞いて何を言っているのかが「わかった」と感じることは学習動機

第6章　低中学年の指導

の視点からも非常に重要である。教師はゆっくりとできるだけ児童がわかりそうな英語を話すことで，児童には外国語活動のスタート時から，英語が聞き取れることの楽しさをたっぷりと体験させてやりたい。

「話すこと」をたくさん体験するためには，基本的な語彙や表現を声に出し，繰り返し練習をする必要がある。低中学年児童は皆で一斉に大きな声で繰り返すことにあまり抵抗感をもたず，また，聞こえた英語の音をじょうずに真似ることもできる。これらの特性を生かし，基本的な語彙や表現を声に出し繰り返し練習する活動，歌やチャンツ，絵本などを使った英語特有の音やリズムに慣れ親しませる活動を取り入れるとよい。低学年のうちはまだまだ周囲を気にせず自己中心的に自分の言いたいことを，楽しんで表現しようとする。外国語活動の時間でもできるだけ児童の「言いたい！」を「英語で言えた！」というかたちにしてやりたい。中学年になるにつれ友達の存在が気になりはじめ，「他の人はどうなのだろう？」と興味をもち，さらにそれに対して自分の意見を言うように成長していく。4年生くらいになると知識が増え，新しいことへ進んで挑戦したいと思い始める。記憶力も伸び，生活の基盤である地元から県や，国レベルの多くのことを理解できるようになる。外国語活動でも中学年後半では様々なトピックに関してたずね合い，さらに異文化に触れるなどの体験ができるよう工夫するとよい。

（2）低中学年における「聞く」こと

低中学年児童には，まずは英語特有の音やリズムに楽しみながらたっぷりと慣れさせてやりたい。歌やチャンツ，絵本（ここでは繰り返し出てくるフレーズを一緒に唱和できるタイプの本に限定する）を使用した指導では，英語の音を聞くだけではなく，児童自身が声に出して言う体験にもつながる。授業では教師の話す英語の内容を児童に「聞きたい！」と感じさせ，「わかった！」という達成感をもたせるために教師は話す英語を工夫し，さらに日頃から児童の日常，興味関心事に目を向けておく必要がある。一つひとつの活動について，面白そうな情報，教師自身の意外な一面の紹介などを英語で行うことで，児童に「英語

73

を聞いてわかる」という体験をたくさんさせてやることができる。では実際にどのような場面で，どのように「聞く力」を体験的に育むことができるかについて，いくつか例を示して紹介したい。

① 歌で「聞く力」を育む

　歌を歌うこと自体はコミュニケーション活動とはいえないが，英語特有の音を聞き，リズムやメロディーにのせて声に出して言う練習をする機会になるというメリットがある。しかしいくら英語特有の音を聞かせられるからといっても意味がわからなければ楽しくはない。そこで教師が児童にわかる英語を使いながら，歌の意味や関連する情報を紹介し，児童が「わかった！」と感じる時間をたくさん与えてやりたい。図6-1に低学年クラスで扱った "Little Peter Rabbit" の歌を導入する例を示す。

　リズムのよい歌は歌うだけでも楽しい活動の時間になるが，歌の内容に触れることで，児童は英語を聞いて「わかった」という体験ができる。英語で説明する際には，児童が知っていそうな言葉を提示してどちらかを選ばせたり（図6-1の例では big or little?），児童が Yes / No で答えられる質問をしたり（図6-1の例では Is Peter happy?）など聞かせる英語を工夫して，最終的に「あ〜そういう意味ね」と児童が感じることのできる経験をたくさんさせられるとよいだろう。この歌はたくさんの英語特有の音（たとえば，little はアメリカ英語では / t / が / d / や / l / に近い音になる。また fly upon his nose は upon と his がつながって聞こえるし flipped it and flapped it and it flew away もそれぞれ隣の語がつながって聞こえる）が含まれる。教師は事前に歌詞を見ながら歌の練習をしておく必要がある。

　図6-2に中学年で扱った "London Bridge is Falling Down" の歌を導入する例を示す。このように歌を利用することで，児童に英語特有の音に慣れ親しませることができ，歌の大意や背景知識などについて教師が話す英語を聞く機会を与えることができる。できるだけ児童の興味関心を引きつけることができるような関連事項を見つけ，初回導入時にイラストなどを使い，簡単な英語で紹介するとよい。歌詞に出てくる表現の中には，将来出くわす表現が含まれてい

第6章 低中学年の指導

T：（うさぎのイラストを見せて）
　　What's this animal?
Ss：Rabbit.（または日本語で「うさぎ」）
T：Yes. This is a rabbit.
　　（うさぎ＝rabbitであることを確認）
　　This rabbit's name is Peter. Is he big or little? Peter is big? Little?
　　（ジェスチャーをつけて何度も児童に聞かせ，答えさせる）
Ss：Little.
T：Yes. This rabbit is Little Peter Rabbit.
　　（日本語の「ピーター」という音の違いに注意させる）
　　Oh. Here comes…（ハエのイラストを用意し Peter Rabbit の鼻に止まる様子を見せる）
　　a…fly.
Ss：Fly…
　　（fly がハエであることを児童が理解しているか確認。数回声に出して練習）
T：Oh, no! A fly is on Peter's…
　　（自分の鼻を触り児童が言えそうなら聞いてみる）
　　nose… Is Peter happy?
Ss：No.
　　（このとき，児童からこの後 Peter がハエをどうするかアイディアが出てくる可能性もあるので児童からの発話を適宜ひろいながら）
T：What happened next?
　　Yes, he…（ハエをはらう仕草を見せて）flipped it and flapped it…what happened next?
　　（ハエが飛んでいく様子を見せて）and it flew away.
　　（ハエが飛んで行くジェスチャーで何度も練習する）
T：Let's sing with gestures.
　　♪Little Peter Rabbit had a（手でうさぎの耳）fly upon his
　　（鼻の周りを人差し指でくるくる回してハエが飛んでくる様子）
　　nose.（nose と言いながら右手の人差し指を鼻の上に…これを3回繰り返し）
　　So he flipped it and（右手でぴしゃりと鼻の上のハエをはらう仕草）
　　flapped it and（左手でぴしゃり）
　　it flew away（飛んでいく仕草）

図6-1　歌 Little Peter Rabbit の導入例

ることもあり，その際には Do you remember this song? と児童に歌を思い出させることもできる。たかが歌，されど歌である。
② スモールトークで「聞く力」をつける
　普段から児童の身近にある興味関心の事物に関連したスモールトークを聞か

T：Do you know this song？（歌のメロディーを少し聞かせる）

Ss：London Bridge…

T：Yes, that's right. A big bridge in London.
We have *Sanjo-Ohashi* bridge in Kyoto, right？（bridge の意味確認）
This is the old London Bridge.（古い木製のロンドン橋の写真を見せて）
Look. This is NOT a concrete bridge. It's a wood bridge.
Wood…？ This desk is made of wood. Pencils are made of wood.
（wood が理解できるよういくつか例をあげる）

Ss：「あ〜，木でできている？」

T：That's right. Do you think it's strong？

Ss：No.

T：Right. So…London bridge's falling down.
（橋が崩れている絵を見せ，歌いながら意味確認）
So, any ideas？ No more wooden bridge…

Ss：（ここで「わかった！鉄」，「レンガ」など日本語で児童からアイディアが出てきたら英語で返しながら）

T：Good guessing！（鉄の絵を見せ）Iron bars.
（少し反復練習）Built up with iron bars, iron bars, iron bars…（一緒に歌う）Oh, no！again！
（橋が崩れている絵を見せ）London Bridge's falling down, falling down…（児童と歌う）
So, no more wooden bridge…no more iron bars bridge…What's next？
（児童からのアイディアが出たらフォローしながら）
Next…（gold and silver の絵を見せる）

Ss：Gold！（など児童の発言があれば Good！Gold and…silver！と導入）

T：Gold and silver（音のつながりを意識して反復練習）
Built up with gold and silver, gold and silver…（児童と歌う）
By the way, do you know this bridge？
This is NOT London Bridge. This is Tower Bridge.
You see some ships on the river…so…this part opens for passing ships.
（ロンドンにある Tower Bridge の写真は見たことのある児童も多いので，その特徴を紹介したり，ロンドン橋はこの Tower Bridge ではないことなどに触れてもよい）

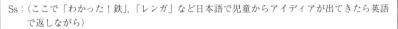

図6-2　歌 London Bridge is Falling Down の導入例

せ，「わかった」と感じる体験を増やしていくことも大切である。図6-3にスモールトークの例をあげる。京都市のある公立小学校で，給食の後に筆者が3年生と外国語活動を行った際のスモールトークである。とくに準備したものもなく1〜2分のものである。給食直後の外国語活動の際には，給食メニューに

第6章　低中学年の指導

> T : What was today's lunch? Curry and rice? Spaghetti?
>
> Ss : (その日のメニューを口々に…)
>
> T : Oh. ___. Sounds good. Was it nice? Yummy?
> 　（ここで数人の児童が「先生は給食を食べないの？」と聞いてきたので）
> Me? No, I don't have *Kyushoku*. So I made my lunch.
> Today, I had sandwiches for my lunch.
> My sandwiches were NOT ham and egg sandwiches…
> （ハムと卵のサンドウィッチではなかったことを強調）
> I made eggplant and cheese sandwiches.
> Do you know eggplant? It's NOT an egg.
> Eggplant is my favorite vegetable.（favorite＝number 1 と補足）
> What's your favorite vegetable? Tomato? Corn?
> （児童の好きそうな野菜を英語でたずねながら vegetable が野菜であることに気づかせる）
> So, my favorite vegetable is eggplant. Its shape is like an egg.（手で形を見せ）
> It's purple.（数人の児童がナスと答える場合もある）
> You had special *Kyushoku* menu… ニシン…
> （ここでほとんどの児童からナスと答えが出る）
> That's right. Eggplant. I had eggplant and cheese sandwiches for my lunch.
> Sometimes you hag eggplant gratin with bacon and tomato sauce…cheese on top of it…
> （児童が「あ〜そうそう」と口々に）

図6-3　スモールトーク例

ついて話をすることがある。児童に給食のメニューを聞くと，毎回必ず「先生は給食食べていないの？」と聞かれる。そこで，筆者は給食を食べていないことと，今日は家でナスとチーズのサンドウィッチをつくってきてそれを食べたことを数分話した例である。eggplant という単語は児童に馴染みがうすいので，日本語で「ナス」と説明するか絵を見せたほうが早いのだが，色や形，児童の知っている情報（京都市の給食には「ニシンナス」というメニューがある）について英語を使いながらやり取りを楽しんだ。eggplant がナスであるとわかり，「え？ナスのサンドウィッチ？？」とおどろいたり，ナスを好きではない児童が，チーズと一緒なら…という意味で Eggplants and cheese… good! と言ったり，「お母さんにつくってもらおう」などの感想が児童から聞こえてきた。このように，知らなかった教師の一面や，新しい情報など児童が「聞きたい」と思えるような内容を児童の理解できる英語で話すことで「聞く力」を育てていきたい。

③ 絵本で「聞く力」をつける

　英語の絵本読み聞かせ活動でも，児童は英語で「聞いてわかった」という体験をたくさんすることができる。英語力のまだ低い児童に英語の絵本？と思われるかもしれないが，児童はまとまりのある英語を聞きながら，音声以外の様々な情報（絵，児童のもつ背景知識，教師の表情やジェスチャー）を頼りにお話の内容を推測しながら「聞いてわかった」という体験をすることができるのである。子ども用の絵本でも，本来ストーリーを楽しむためにつくられたものには大人でも知らない英単語が含まれている。そのような単語の意味を覚えることが目的ではなく，お話を楽しむことが目的であることを覚えておきたい。また，リズムに楽しく触れ，繰り返しがあり，声に出して一緒に読める絵本も多く，児童の発達段階に合わせて取り入れるとよいだろう。絵本の読み聞かせについての留意点は，第2節　第2項　③絵本の読み聞かせを参考にされたい。

④ 音声で慣れ親しむ低中学年における文字の指導

　新学習指導要領では中学年対象の外国語活動における「聞くこと」の目標の一つとして「文字の読み方が発音されるのを聞いた際に，どの文字であるかがわかるようにする」と記されている（小学校学習指導要領　第4章　外国語活動，154頁）。高学年で読み書きが始まる前に低中学年の段階でアルファベットソングなどを利用しアルファベット26文字に慣れ親しませたい。その際，図6-4のようなアルファベットのマスに赤や黄，青，緑などの色をつけたチャートなどを使い，ある色のマスに書かれているアルファベットだけをとばして歌うなど一つひとつの文字に注意がいくように工夫するとよいだろう。低中学年ならではの特性（聞こえた音をそのまま真似して声に出す）を生かし，アルファベットジングル（一つひとつの文字のもつ音とその音で始まる言葉をリズムよく練習するためにつくられたもの）を利用した，音と文字の対応に関する

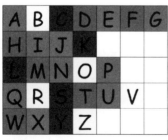

図6-4　アルファベットチャート例

指導を先進的に行なっている学校もある。音と文字の対応がわかると最初の文字の音に注意するようになり，高学年で開始する外国語での「読み」「書き」の土台を築くことになるため，音と文字についても発展的な活動として扱われることを望む。

　以上，外国語活動において，低中学年における「聞くこと」を活動例とともに紹介した。外国語活動でできる様々な体験を通して「聞いてわかる」という経験をいかにたくさんさせられるかが，低中学年における「聞く力」を育てるポイントとなるだろう。このように低中学年で養われた「聞く力」がやがて英語を「理解する力」につながり，後の英語学習に大きな意義をもつ。

（3）低中学年における「話す」こと

　外国語活動の目標である「話すこと」は具体的に「やり取り」と「発表」に分けて記載されている（小学校学習指導要領　第4章小学校外国語活動，154〜155頁）。いずれの場合も使用する語彙や表現を繰り返し練習する必要がある。低中学年の外国語活動ではこの年代の児童の特性を踏まえ，まずは皆で一緒に楽しく反復練習をし，「英語を声に出して言う力」を育てたい。そして単語レベルでもよいので，「言いたい！」「言えた！」と児童が感じることのできるように活動の内容を考えたいところである。ここでは種類の違う練習の方法と，「児童が言いたくなる仕掛け」の例を紹介する。

① ドリル練習で声に出す力をつける

　低中学年児童は模倣することや，大きな声を出して皆で言うことに抵抗が少ないため，声に出して練習する活動を多く取り入れてもよいだろう。反復練習は教師の後についてクラス全体，グループごと，男女ごと，列ごと，などヴァリエーションを広げるとともに，全員が言えているかチェックもする。言えていない児童が極端に目立つことのないようクラスの状況に合わせ進めるとよい。慣れてきたら，ワークシートなどを使って友達に聞いてもらい，チェックマークをもらうようにしておくと，児童にとって「やること」がはっきりとしていて取り組みやすい。

```
    T & Ss：Who stole the cookies from the cookie jar?
          （両ひざを両手でタップ，手拍子1回，をリズムよく繰り返す）
        T：（S1 または HRT の名前）stole the cookies from the cookie jar.
S1 or HRT：Who me?（自分の胸に手を当てるジェスチャー）
    T & Ss：Yes! You!（全員でその人を指差し）
S1 or HRT：Not me!（両手で「違う，違う」のジェスチャー）
    T & Ss：Then, who?（両手のひらを上に肩をすくめるジェスチャー）
```

※　HRT＝担任の先生，S1＝児童のうちの誰か1人。

図6-5　"Who Stole The Cookies?" の読み聞かせ後の活動例

　また繰り返しのある絵本の場面と表現をそのまま使用し，楽しくコミュニケーションの体験をすることもできる。図6-5は絵本 "Who Stole The Cookies?"（中本，2011）（「クッキーを取ったのは誰？」「鶏だ。」「私？」「そう，あなた。」「違うよ。私じゃないよ。」「じゃあ誰？」と続く内容）を読み聞かせした後の活動例である。児童の名前を入れて掛け合いしながら何度もこのフレーズを声に出して言う。児童は自分の名前が入ることがとてもうれしいようで「次は自分に！」と意欲的に取り組む姿が見られ，英語の量，内容，児童同士の関わり方などの面で低（中）学年にあった活動といえる。

② やり取り（児童同士）

　単元のテーマに沿って好きなものについてたずね合う活動は，外国語活動でよく用いられるコミュニケーション活動である。ただしテーマによってはクラスメートの好みや実際のことについてすでに知っている場合もあるので，結果を集計して発表したり他の国の子どもの様子と比較したりすることで児童に達成感をもたせてやりたい。また，What color do you like? という質問に対しては1つか2つしか答えは返ってこないが，たとえば「黒色が好きな人を5人探そう」「灰色が好きな人を2人探そう」など課題（タスク）を与え，児童に質問させるという活動もできる。食べ物なら「ゴーヤが好きな人を3人探そう」「チョコレートケーキを<u>好きでない人</u>を2人探そう」などとアレンジも可能である。

第6章　低中学年の指導

> Ss : Ranking! Ranking!
> 　　（結果発表をすることを児童が覚えていた）
> T : Yes. I checked top 3 cute / dangerous animals among boys and girls.
> 　　What animals do you think the boys chose as the cute animals?
> 　　How about the girls' choice?
> 　　What do you think? (HRT に予想をたずねる)
> HRT : Boys chose gorillas. （女子についても同様に答える）
> T : OK. The 3rd place is...penguins.
> 　　The second place is...the first place is...
> 　　（その後女子のものも発表。児童からそれぞれ No, no. など反応が聞かれた。いずれも口頭で発表してから視覚教材で確認。同様に dangerous と思う動物についても発表）
> T : I was surprised（びっくり！のジェスチャー）that some boys chose hamsters as the dangerous animal.
> 　　（女子から No way! という反応）
> S1 : Hamster...mouse.
> 　　（噛みつくジェスチャーをして）
> 　　*Doraemon's* ear!
> Ss :「そうそう。危険」
> T : Oh. A hamster bit *Doraemon's* ear?

図6-6　テーマが動物の授業でのやり取り例

③ やり取り（教師対児童の場合）

　あるトピックについてたずね合う活動は容易に想像ができるので，ここではまだ語彙力も少ない低学年の「言いたい」を引き出す事例を紹介したい。図6-6はテーマが動物である単元の2回目の授業の様子である。1回目の授業で図6-7のような動物のイラストに番号がついているワークシートを配布し，児童それぞれがかわいいと思う動物，危険だと思う動物を5つ選びその番号を書かせて提出させた。

　1回目の授業で集めたワークシートの結果を発表することになっていたので，授業の前に児童からは Ranking! Ranking! とせがまれ，結果発表には全員が興味を示して聞いていた。これは本当に児童が知りたいと思う内容であったからである。担任の先生も自分の予想を英語で言い，それが見事に当たっていたので児童もとても喜んでいた。男子数名が dangerous な動物に hamster をあ

図6-7 ワークシート例

げていたことを伝えると，1人の男子児童がジェスチャーを交え，その理由を説明してくれた。これは，hamster は dangerous じゃないよね？と伝えたい私に応えてくれた例で，単語を並べただけではあったがその児童は通じたことにとても満足している様子であった。図6-6に示した例のように単語ベースであっても児童が言いたいと思える内容を仕掛けておくことが，児童の「言えた」を実現させてやるポイントである。

第6章　低中学年の指導

2　45分の授業の組み立て方と指導方法

（1）授業の目標設定

　一般的に外国語活動の1単元は4〜5回の授業で構成されることが多い。各単元のゴールに沿い，単元の終わりでどのような児童の姿をイメージするのか，それを実現するために毎回の授業ではどのような目標を立てる必要があるのか逆算して明確にしておく必要がある。「第1節　第3項　③やり取り（教師対児童の場合）」で紹介した例は，動物が単元テーマの2回目の授業であるが，目標は動物の名称に慣れることである。しかしひたすら反復練習ばかりでは児童も飽きてしまうので「様々な活動を通じて身近な動物の名前や表現に慣れ親しみ，前時にクラスで調査したかわいい / 危険と思う動物についての結果を英語で聞いて理解する」としている。ちなみに1回目の目標は「様々な動物の言い方に慣れ親しみ，自分がかわいい / 危険と思う動物を5つ選び英語で言ってみる」となる。

（2）組み立て方

　外国語活動の時間は他教科の授業と比較すると「盛りだくさん」と感じる場合があるかもしれない。しかしこれは英語の授業特有の性質といえる。児童がたくさんの英語を聞いたり話したりすることを飽きることなく体験できるよう，多様な活動がちりばめられたメリハリのある時間にしたい。そこで45分間の英語活動の組み立てとして，ウォームアップ → 本時のテーマ・コミュニケーション活動 → 絵本の読み聞かせといった流れを1つのパターンとしておすすめする。授業の組み立てを考える際に留意すべき点は，様々な活動を通して児童がどのような体験をすることができるのか，練習だけで終わっていないか，コミュニケーション活動はどれくらい含まれているか，聞くことや話すことのバランスはどうかである。そして各授業の目標を効果的に達成するために，どのような活動をどういう順に，どのような方法で実施すればよいのかを考える

83

必要がある。とくに低中学年対象の外国語活動では一つひとつの活動のつながりに気をつけ，児童の集中力が途切れないように全体の流れがスムーズに進むよう組み立てることが必要である。次の①～③でそれぞれの活動の指導方法を見てみよう。

① ウォームアップ

　ウォームアップの時間はそれまで日本語で時間を過ごしていた児童に「これから英語の時間だ」と気持ちの切り替えになるような，楽しい活動が望ましい。一般的には歌やチャンツを扱うことが多い。あまり時間をかけると主目的がぼやけるので5～10分程度でよいだろう。児童が歌ってみたくなるようなテンポのよい歌，メロディーを聞いたことのある歌，手遊び歌，ジェスチャーつきで楽しく歌えるものなどを選ぶとよいだろう（第3項の歌のリスト参照）。ただし，中学年にはあまりにも幼児っぽい歌やCDの音声は不向きであるため，事前に内容やメロディーをチェックすることをおすすめする。指導の手順は第1節の例を参考にされたい。

② 本時のテーマ・コミュニケーション活動（復習，導入，練習を含む）

　授業のメインの時間となり，この部分に前時の復習（あるいは帯活動的なもの）を含めることも可能である。内容によって多少の差はあるが，10分程度の復習の時間も含め，この部分には30～35分程度配分するとよいだろう。ただし，この30～35分を各回の目標に合わせ，全体での反復練習5分，ペア練習5分，ワークシートを使った活動10分などと細分化し，メリハリをつけることが必要である。他教科同様，1回目の授業では必ず導入が行われるはずである。教師はできるだけ単元テーマに沿ったスモールトークを用意し，児童の「聞きたい」「わかった」「やってみたい」と感じることのできる時間を増やすよう工夫をしたいところである。

　導入の後は，ヴァリエーションに富んだ反復練習，児童の理解度に合わせた段階的なやり取り（最初は新出の語彙を使って既習の質問をする，次に単元目標となるやり取りをするなど），発表などのコミュニケーション活動を取り入れ単元目標の実現を目指したい。活動を考える際にはその活動に取り組む児童の姿をイ

84

メージし，本当にその活動が現在の児童の学習段階に適しているかどうかを考える必要がある。たとえば「色の言い方に慣れ親しみ，好きな色を表す表現を知る」という単元で，色々な色の言い方に慣れ親しみ，I like_____. という表現も数多く練習し，児童もうまく言えるようになっているにもかかわらず，児童が楽しく取り組むからという理由だけで，単元の4回目や5回目でも色の単語のみを扱ったかるたゲームなどを取り入れることなどは避けたい。

③　絵本の読み聞かせ

　絵本の読み聞かせは長くても5分程度が望ましい。絵本の読み聞かせを効果的に行うためには，

　　(1)絵と内容が合っていてオチがある絵本を選ぶこと

　　(2)児童の認知レベル，もち合わせている背景知識に合っているものを選ぶこと

　　(3)教師とのやり取りを通して児童が理解できるように，どこでどういう英語をはさむか準備しておくこと

　　(4)絵を見たらオチがわかってしまうようなものは見せ方を工夫すること

といったことに留意しておくとよい。海外の絵本の中には背景知識がないとオチそのものがわからないものもあるので注意が必要である。教師自身が読んでみたあと「で？結末は？結局何だったんだろう？どこが面白いのだろう？」と感じる本は避けたほうがよい。

（3）教材リソースの選び方

　最後に外国語活動で扱う教材の選び方，活用方法についてまとめておく。英語の歌は市販の CD を利用するほか，最近ではインターネット上で無料で英語の歌を提供しているサイトも多いので手軽に活用できる。ただし同じ題名の歌でもメロディの違うものや，歌詞が違うものもあるので事前にチェックしておく必要がある。

　歌詞の大意を簡単な英語で説明する際にどのようなイラストや絵カード，ジェスチャーを準備すればよいか悩むときは，インターネットでキーワードを

画像検索して，どのような画像が適しているのか調べたり，ユーチューブなどで実際に歌われている様子をチェックしたりすることも有効な方法なので覚えておくとよい。授業で教師が英語を話す際には視覚教材は必須である。単元ごとに絵カードなどが必要になる場合はインターネット上にたくさんのCC0画像（著作権フリーのものでそのまま使用が可能な画像）があるのでプレゼンテーションソフトウェアなどを使用して作成するとよい。ラミネート加工をし，カテゴリー別に分けて保管しておくと，他学年での利用も可能となり便利である。

　また教師，学校，地域の様子や建物の写真などを事前に用意しておけば，児童にとっては身近で理解しやすい補助教材となるので是非活用してほしい。最後に，筆者が低中学年クラスでよく扱う歌のリストを載せておくので参考にされたい。低学年向けから順に載せるが中学年でも扱えるものもあるので児童の様子を見て判断してほしい。

【低中学年外国語活動で扱える歌のおすすめリスト】

• Ten Fat Sausages	• Row, Row, Row Your Boat
• Deep and Wide	• Under the Spreading Chestnuts Tree
• Incy Wincy	• London Bridge is Falling Down
• Pease Porridge Hot	• I'm a Little Teapot
• A Sailor Went to Sea	• If All the Rain Drops
• Bingo	• Old McDonald Had a Farm
• I Have a Joy	• The Muffin Man.
• Bear Hunt	• There's a Hole in the Middle of the Sea
• Sally Go Round the Sun	• The Ants Go Marching

引用・参考文献

中本幹子（2011）『Who Stole the Cookies ?』アプリコット出版。

文部科学省（2017a）『小学校学習指導要領』。

文部科学省（2017c）『小学校外国語活動・外国語研修ガイドブック』。

第6章　低中学年の指導

【学習の課題】

(1)　低中学年児童に "Ten Fat Sausages" の歌をどのように導入するとよいかグループで考えなさい。

(2)　"Who Stole The Cookies?" の絵本を中学年に読み聞かせる際，どのような点に注意するとよいかグループで話し合い，実際に教師役となって読み聞かせをしなさい。

(3)　衣類又は食べ物をテーマとした単元の第1回目の授業について，導入部分の授業案を作成しなさい。

【さらに学びたい人のための図書】

Oxford Reading Tree, Oxford University Press.

　　　⇨小学生児童と同年代のかわいいキャラクター達が登場するユーモア溢れるオチがあるお話のシリーズ絵本。読み聞かせには stage 2 くらいからがおすすめ。

Shin, J.K. & Crandall, J.A. (2013) *Teaching young learners English : from theory to practice,* Heinle & Heinle.

　　　⇨外国語として子どもに英語を教える教師のための理論と実践例の詰まった1冊。

（小柴和香）

第7章 高学年の指導の実際

この章で学ぶこと

この章では，小学校外国語教育の実践編のうち，高学年の指導の実際について学ぶ。「外国語科」として，教育課程に位置づけられている高学年に英語を教える際に，児童の発達段階に留意し，中学年の「外国語活動」との接続を念頭に置いて，どのように授業を組み立てればよいのか，また，聞くことや話すこと，そして読み書きについてもどのように指導すればよいのかについて学ぶ。

1 高学年で身につけたい資質や能力と活動例

（1）高学年で身につけたい資質や能力

新学習指導要領において，教科である高学年の外国語の目標は，「外国語によるコミュニケーションにおける見方・考え方を働かせ，外国語による聞くこと，読むこと，話すこと，書くことの言語活動を通して，コミュニケーションを図る基礎となる資質・能力を次のとおり育成することを目指す」と設定されている。さらに，この新学習指導要領において他の教科とともに育成を目指すとされている「知識・技能」，「思考力，判断力，表現力等」および，「学びに向かう力，人間性等」に対応する資質・能力について，外国語科においては次のように説明している。まず，「知識・技能」は，日本語との対比の上で学習する「外国語との違いに気付き」，聞く・読む・話す・書く，の4技能を「実際のコミュニケーションにおいて活用できる基礎的な技能」と対応する。「思考力，判断力，表現力等」については，「コミュニケーションを行う目的や場面，状況」を踏まえて意思疎通できる力と解釈している。さらに，「学びに向

かう力，人間性等」に対応するねらいについては，「外国語の背景にある文化に対する理解」と，「コミュニケーションを図ろうとする態度」であるとしている（文部科学省 2017a）。2011年に必修化された外国語活動の３つの目標と重なりもあるが，今回の目標のほうがより実際のコミュニケーションの場面を想定した目標となっている。[1]

　新学習指導要領下での高学年の外国語学習は，改訂前の「外国語活動」とは異なり，「外国語科」という教科の位置づけになる。具体的に何が異なるのだろうか。重要な点に，まず，検定教科書があること，そして，言語能力の定着を求めていることがある。通常，学校教育における「教科」が外国語活動やこれまでの道徳のような「領域」と異なる点は，検定教科書があり，数値による（１〜５など）評定で学習の達成度を評価する点である。ただし，2017年７月７日の文部科学省からの回答（小学校学習指導要領，中学校学習指導要領の改訂に伴う移行措置案に対する意見公募手続（パブリック・コメント）の結果について）によると，2018（平成30）年度と2019（平成31）年度の移行期間中は，現行の学習指導要領の評価基準に基づいて学習評価を行うため，文章で記述し，数値による評価を行わないことになっている。これを執筆している2017年10月段階では，2020年以降，小学校での外国語科の数値による評価導入の有無についてはとくに公的文書上で明記はされていない。今後の文部科学省の指示に注意したい。教科書については，2020年度以降，教科書出版会社各社が文部科学省の検定を受けて出版し，それぞれの自治体や学校が採択し使用していくことになる。

　これまでも，2011（平成23）年の高学年での外国語活動の必修化以降，文部科学省が出版し主たる教材として使用されるべく全国に配布されていた『Hi, friends! 1,2』には，文部科学省により選択された言語材料や言語を使ってできること（CAN-DO 陳述文）が示されていた。しかし，外国語活動下では，これらの項目は触れて親しむことが目標とされ，暗記し定着させて次への土台となる「英語力」の育成を求めてはいなかった。2020年以降の外国語科では，中学校や高等学校の外国語科と同様，学習指導要領で定められた英語の発音，語彙，構文，文字については，どの児童にももれなく学習させ，コミュニケーション

能力として活用できるよう，指導せねばならない。

　小学校英語で扱う言語項目や，英語を使ってできるようになることが望まれる言語活動の詳細については，『小学校外国語活動・外国語研修ハンドブック』を文部科学省のウェブサイトからダウンロードし，目を通してほしい。外国語科では，年間35時間から70時間に授業時間数が増えたことを踏まえ，扱う語彙数は600〜700語と多くなっている（2012〜19年で施行されてきた中学校英語の総語彙数は1200語）。また，これまでの外国語活動で扱っていなかった過去形と三人称および読み書きの初期段階の指導も行うとされている。

　次の第2項で，聞くこと，話すこと，読むこと，書くことの順に，外国語科としての高学年の英語指導をする際に，留意すべき点や新しく導入された点に焦点を置いて小学校外国語科の担当教師が知っておくべきことをまとめていく。

（2）高学年における「聞くこと」

　英語を聞き取れるようになるという技能は，英語の4技能（聞く・読む・話す・書く）のうちで，比較的に発達段階の低い学年から学習可能な技能である。したがって，第6章で述べている低中学年での，歌・スモールトーク・絵本を通して行ってきた指導を継続的に行い，内容を高度化していくとよい。

① 歌やチャンツ

　歌やチャンツは，英語のリズムや表現に慣れるのに効果的である。文部科学省から2018年度，2019年度の使用に供するために発行された『We Can! 1, 2』にもデジタル教材としてチャンツのデジタル教材が準備されており，2020年度以降は教科書の中の教材として多くの歌やチャンツが提供されるであろう。それに加えて市販のものや，インターネット上にも無料で使用が可能な歌は多いので，高学年の発達段階にふさわしいテンポのよいもの，歌ってみて児童が楽しいと感じてくれるものを選択して提供するとよい。

② スモールトーク（教師の語り）

　低中学年で，身近な存在である担任の先生の趣味や行動などの話に興味をもって聞いていた児童は，高学年になると，ある程度の長さの話を聞くことが

第7章　高学年の指導の実際

できるようになる。その際，新聞やテレビのニュース番組から，高学年の興味・関心に合った社会的事柄について話すとよい。以下は，『We Can! 1』に記載されている，単元の導入の際のスモールトークの一例である。

　　山中伸弥教授の場合

　　　Dr. Yamanaka Shinya is a professor at Kyoto University. He received the Nobel Prize in 2012. He studies about iPS cells.

　　石川佳純選手の場合

　　　Ishikawa Kasumi is a table tennis player. She won a bronze medal in the Rio de Janeiro Olympics. Her father, mother and younger sister play table tennis, too.

　　　　　　　　　　　　　　　（文部科学省（2017e）『We Can! 1 指導編』）

　教師は何をどう話すかについて，事前に準備をしておく必要がある。慣れないうちは時間がかかるかもしれないが，文部科学省新教材『We Can! 1, 2』指導編のスクリプトなどを参考にして，英語の表現として誤りのない，わかりやすい英語で語れるように準備し，可能であれば ALT（assistant language teacher）に事前にスクリプトの英語をチェックしてもらうとよい。

③ 絵本

　絵本によるインプットを通して聞く力を育てることは，中学年での活動を継続して高学年でも行うべきである。ただ，高学年では，認知能力の高まりに比べて英語力の伸びは微々たるものであることから，高学年の児童の知的興味を満足させ，かつ限られた英語力でも理解可能な絵本を選ぶことが重要である。

　この難しさを解決する一つの方法は，日本語で慣れ親しんでいる物語の英語版を取り上げることである。たとえば小学校2年生の国語科で学習する『お手紙』（アーノルド・ローベル）は児童の好きな物語の一つである。登場人物のかえるくん，がまくん，かたつむりくんの会話がほのぼのとしていて楽しい。ほかにも日本の昔話を扱うこともできる。

　このほかには，Oxford Reading Tree など，短く完結している話がシリーズ

91

になっている読み物を扱う方法がある。こうしたシリーズ絵本は，登場人物が家族から成り立っており，みんな同じ学校に行き，その人間関係やそれぞれの性格もわかっている。そうした人間関係が毎回継続的に絵本の中に出てくるので，それが手がかりとなり，読解の手助けになる。

　また，教師の読み聞かせの際，ちょうど，中学校や高校で新しい単元で扱う本文を導入する際に，そのトピックに関係する生徒がもっている知識を活性化する「スキーマの活性化」という作業を行うように，絵本の読み聞かせにも導入部分でスキーマ活性化を行うと聞き取りが容易になる。最初に児童とのやり取りの中で，話の中身の背景知識を活性化し，児童に表紙の挿絵とタイトルから物語の展開を予測させ，児童が能動的な聞き取りができるように促すのである。

（3）高学年における「話すこと」（やり取りと発表）

　2020年から完全実施される学習指導要領では，4技能のうちの「話すこと」を「やり取り」と「発表」とに分けている。好きな食べ物（色・スポーツ他も同様）をたずね合うというのは，1往復ですむ大変短い「やり取り」である。このような簡単なやり取りについては中学年での学習を経て慣れてきているはずなので，継続的に，発展的で少し長いやり取りも含めて学習していくとよい。そうしたやり取りの練習をさせる際にも，高学年の児童の認知能力に配慮して，やり取りでわかったことの結果を自分の学級と隣の学級とで比べたり，ほかの地域の学校と比べたりするなど，まとめ方を工夫するとよい。たとえば，給食人気メニューをたずね合い，学級のランキングをまとめるといった活動である。さらに，それを全国の小学生のランキングを比べても面白い。

　他方，「発表」は，「やり取り」と比べて発話する文の数が多く，児童にとっては負担感のある高度な技術である。教師はまず見本を示し，発表の際の文頭の表現や使用する可能性の高い語句のリストなど，発表に含まれる要素をワークシートで明確に示すことが必要である。また，実際の発表では，絵や実物などを用意したり，可能ならばタブレットを使用したりして，英語とともに，視覚的な情報やジェスチャー，アイコンタクトなどを使って総合的に伝えること

を目指すように指導することが重要である。

　高学年の児童は日本語では難しい内容の文章を読んだり，書いたり，自分の気持ちを伝えたり議論をしたりすることができる。しかし，外国語である英語では，日本語のように思いのすべてを伝えることはできない。このもどかしい気持ちをもちつつも，少しでも多く自分の気持ちを伝えることができる工夫をするように励ましたい。

　第3章で述べたコミュニケーション能力のモデルの中に，方略能力という能力があった。自分が表現したいことと，もちあわせている英語力の差が大きいこの時期には，それを補う方略も含めて指導するとよい。たとえば uncle（おじさん）の話をしたいが uncle という言葉を知らないときに，my mother's brother と言ったり，giraffe（キリン）という言葉を忘れたときに，The long neck, yellow and brown animal. と言い換えて表現したりすることである。

　学校によっては，高学年の段階で，それまで培った英語力を使って，留学生や地域の外国人を招聘して国際交流を行ったり，卒業前に英語を使った発表会を実施したりする事例がある。このときにも，やり取りに加えて何らかの発表活動を企画することが多い。その際には，上で述べた「総合的に伝える」配慮，「方略能力」を使う指導，および，次で述べる読み書き能力を使ってメモを書いておき，それを発表の手がかりにしたり，書いた英語を提示しながら話したりといった，高学年ならではのコミュニケーション能力を発揮できるよう指導するとよい。

（4）高学年における「読むこと」と「書くこと」

　『小学校学習指導要領』（文部科学省，2017a，140頁）に，「身近で簡単な事柄について，音声で十分に慣れ親しんだ簡単な語句や基本的な表現を推測しながら読んだり，語順を意識しながら書いたりすること」と明記されている。つまり，読み書きが導入されるといっても，今回の指導要領の改訂では，英語の音と文字との関係を日本全国の児童に理解させ，教科書本文の文章を全部よどみなく音読するとか，中学生がするような英作文ができるようになるように練習を重

ねるという意味ではない。あくまでも，読み書きの初期段階として，アルファベット文字を理解し，熟知している単語や文章が推測で少しわかるところまで育てたいという趣旨である。もっとも，学習指導要領は，全国の多様な学校，多様な児童を前に，最低これだけは達成してほしいという最低基準を示すものなので，学校の特色に応じてニーズがあり，無理なく指導できる場合には，発展的な学習をすることを妨げるものではない。

　今回の学習指導要領の改訂の中でも読み書きの導入は非常に重要なので，これに特化して，第8章で指導の手順を細かく解説した。したがって，読み書き指導の詳細についてはその章を通して理解してほしい。高学年の指導の全体像について理解する本章では，読み書き指導の重要な点，時間配分や，単元全体の中で読み書き能力をどう活用していくかという点に焦点を絞って解説する。

① アルファベット，音素の認識，4線に書く，語順

　読み書きの指導は，低中学年から，アルファベットの歌やチャンツを歌ったり，アルファベット26文字の大文字小文字の順番や名称，形に慣れたりするところから始まる。文字として，それを4線上に正しく書く学習も，今回の学習指導要領からは，小学校英語で指導すべきこととなっている。

　英語の単語や文章を音声化する，つまり「読める」ためには，そのアルファベット文字で表現された文字が表音文字であって，音と対応することをわからせなければならない。日本語にも「かな」という，50音に対応する表音文字はあるが，日本語のかなの場合は，一つの文字が子音と母音のセット，もしくは母音のみで成り立っている「音節」である（より正確にいうと，伸ばす音，詰まる音などを含めて「モーラ」という単位を表現しているが，ここは簡単に「音節」としておく）。ところが，難しいのは，英語の文字を見るときには，子音や母音という，「音節」よりさらに小さい「音素」という単位と文字とを結びつけることができるように指導しなければならないことにある。

　一例をあげると，アルファベット文字の名称（例：c は /siː/ という名前をもっている）に加えて，アルファベット1文字が表す音の代表的なものを1つあげて（例：c は /k/ という音を示している），この文字と音のセットに触れさせ

94

第7章　高学年の指導の実際

る。その後，音が足し算されればよく聞き知っている単語になるということ（例：/k/＋/æ/＋/t/のように3つの音を足せば，/kæt/つまり，catとなる）を学習していくうちに，いくつか慣れ親しんだ単語は推測して読めるようになるという手順である。（詳しくは第8章を参照されたい。）

　文字と音素の認識，4線に文字を書くことに加えて，学習項目として学習指導要領に規定されているのは，語順を意識しながら書くことである。これに関しては，すでに2011年度以降の外国語活動の時代から発展的な学習として，文部科学省からそのノウハウは紹介されていた。英語と日本語は目的語を動詞の前に置くか，後ろに置くかが異なる言語であることから，小学生の児童には，自らルールを発見させながら学ばせるとよい。

② 時間配分，単元全体の中での読み書き能力の活用

　日本語でかなや漢字を1マスの中にバランスよく書く練習をしたように，英語ではアルファベットを4線に書くように指導する。3年生の国語科ですでにローマ字の読み方・書き方は学習しているが，『We Can! 1, 2』では，上から二つ目の幅が少し広めにとってある4線を使用し，高さに注意して書けるような配慮がされている。国語での学習を思い出させながら書く指導をするとよいだろう。たとえばaとd，hとnでは縦線の長さの違いによって別のアルファベットになってしまうので，aやnは第2線を越えてはいけないことなどに気づかせ確認しながら練習させるなどである。

　また，『We Can! 1, 2』の各ページの下方に印刷されているアルファベットとそれが初頭音に使われている単語（x以外）の絵を利用して，読み方やスペル，さらに文を書き写す活動を取り入れていく。

　アルファベットや単語を認識できるようになると，インタビュー活動や発表活動で，単語や文が書かれているワークシートを手がかりにできるようになる。すべてを読めるわけではないが，最初のアルファベットをきっかけとして内容を思い出し，相手に適した質問をしたり話題を提供したりすることが期待できる。

　また，アルファベットの読み方や書き方だけの単調な学習に長い時間をかけても，集中が続かず定着もしないので，帯活動のように，毎授業で少しずつ

95

（5分程度），前時の復習を含めながら継続して取り入れるようにするとよい。

さらに，覚えたアルファベットを使って，自分の名前を書いた栞をつくったり，お気に入りの野球チームのロゴを書いたり，訪問した留学生に渡すためのThank you カードをつくったり，発表用のメモをつくったりといった，読み書きをしたいと思わせる指導が必要である。

2　45分の授業の組み立て方と指導方法

（1）授業の目標設定

単元ごとに，「知識及び技能」「思考力，判断力，表現力等」「学びに向かう力，人間性等」の目標を設定し，その3つの目標を達成するために，段階を踏んで45分の各授業の目標を設定する。

（2）授業の組み立て方──1単元時間の流れ

授業は学級担任が主導でするように指示されているので，ある程度授業の流れをパターン化しておくと，指導案作成の負担感が軽減される。第11章で述べているように，主に次の5つの要素　①ウォームアップ（5分），②復習（もしくは帯活動，10〜15分），③新学習内容の導入（もしくは練習，10〜15分），④練習（もしくはコミュニケーション活動，10〜15分），⑤まとめ（5分）を中心に授業の構成を考えるとよい。

① ウォームアップ

ニュースで話題になっていることや学校行事に関わることなど，児童が興味をもっていることについてわかりやすい英語で話したり，歌やチャンツで英語の雰囲気をつくったりする。

② 復習（もしくは帯活動）

前時に学習した英語表現を確認するために，スモールトーク，児童との対話，児童同士の対話，口頭で語彙・表現を言ってみるドリルなど，適宜必要な活動を行う。また，復習のほかに，毎時間，本時の学習と直接関係はないが，継続

96

第7章　高学年の指導の実際

して行うと多くのインプットやインタラクションが得られる歌，アルファベット文字の練習，読み聞かせなどの「帯活動」を10分程度行ってもよい。

③ **新学習内容の導入**（もしくは前時に導入した教材の練習）

本時の目標である新学習内容の導入を行う。たとえば目標が「○○の思い出を聞き，行った場所や感想などがわかる」の場合，まず教師が絵や身振りで自分の思い出を説明し，質問することで，児童が理解できたかどうかを確認する。デジタル教材を視聴し，わかったことをワークシートに記入し，班や全体で確認するといった活動で導入することも考えられる。

また，授業が単元の初回ではなく，2回目以降である場合には，この「導入」部分は不要で，すでに導入された単元として新しい学習事項について，前時より継続的に練習する。

④ **練習**（もしくはコミュニケーション活動）

練習の方法は学習者の状態やレベルによって適宜調整して組み合わせるとよい。ワークシートを用意し，そこに表現された絵や語を指すというポインティングゲームや，2種類のカルタを組み合わせるというマッチングゲーム，ヒントから誰（何）のことを話しているかを当てるスリーヒントクイズなどの様々な活動をしているうちに，新教材の表現を何回も言ったり聞いたりし，知らず知らずのうちにその表現に慣れるような工夫をする。

また，単元のうちの，初回の授業では難しいかもしれないが，授業の展開の中の適切な時期に学習した語彙や構文を用いて，実際に実生活でも起こりそうなコミュニケーションの場面を想定したコミュニケーション活動を行う。必要に応じて，練習で言い慣れたり聞き慣れたりした表現を4線に書く（あるいは書き写す）活動も行う。

⑤ **まとめ**

振り返りカードに記入し，児童はできるようになったことの自己評価や相互評価を行う。教師は，児童の活動を評価し，次時への意欲づけをする。

97

（3）ティームティーチングの有効活用

　ティームティーチングについては，次のように明記されている。「学級担任の教師又は外国語を担当する教師が指導計画を作成し，授業を実施するに当たっては，ネイティブ・スピーカーや英語が堪能な地域人材などの協力を得る等，指導体制の充実を図るとともに，指導方法の工夫を行うこと」（文部科学省，2017a，143頁）

　ネイティブ・スピーカーや地域人材の方とのスムーズな意思疎通は，ティームティーチングをうまく進めるために必要不可欠である。対面での打合せが時間的に難しければ，少なくとも指導案の共有が大切である。

　筆者が小学校の担任をしていたときには，英語の授業の前日までに指導案をメールに添付して ALT に送り，授業内容の共有や当日の準備の依頼をした。そして，来校当日の朝，筆者が担任する学級で朝の健康観察や読書指導をしている間に，ALT が絵カードなどの授業の準備をしてくれていたので，授業をスムーズに始めることができた。また，授業では，ALT にスモールトークをお願いしていた。ALT の日本での体験や母国での行事などについて話してもらうのであるが，児童は興味深く聞いていた。その間に，担任である筆者は児童の様子に気を配りながら教室の中の ICT の用意をしたり，ALT が準備してくれた絵カードなどの並べ替えをしたりするなど，時間が経つにつれてうまく連携して授業を進めることができた。

　メールで依頼済みとはいえ，顔を見ながらの ALT との打合せは大切である。単語のみでも拙い英語でも，短い時間でも構わないので，ALT との会話の時間を確保してほしい。

（4）特色ある授業の組み立て方

　児童の状態やニーズに応じて，特色ある授業を行うこともできる。その一つに，個別言語を越えた，人間の言葉に対する気づきを促す授業が考えられる。『小学校学習指導要領解説 外国語編』（文部科学省，2017b，11頁）には，「日本語との音声の違いにとどまらず，文字，語彙，表現，文構造，言語の働きなど

についても日本語との違いに気付くこと，さらに，気付きで終わるのではなく，それらが外国語でコミュニケーションを図る際に活用される，生きて働く知識として理解されることを求めている」と明記されている。英語学習の課程では，日本語と英語との違いにばかり目を向けがちであるが，相違点だけでなく共通点もあることや，さらに学校へのゲストの母語をきっかけにして，世界の他の言語との比較を意識させるなど，自然なかたちで組み立てられるとよい。

　また，高学年になると，前述したように，地域や近隣の大学への留学生，国内外の他の小学校の児童，中学校へ進学した先輩などと，これまでに学んだ英語を使って交流をするプロジェクト型の授業も不可能ではない。たとえば，中学校にいる同じ小学校を卒業した先輩からのビデオレターをもらうという実践例がある。小学校時代に異年齢活動で一緒に遊んだり掃除を教えてくれたりした先輩で，いまは中学生となった卒業生から，いまどのような中学校生活を送り，勉強をしているのかということをビデオレターとして受け取るのである。先輩が中学校での部活動や勉強について英語で話してくれるのだから聞きたくなる。そして自分も中学生になると先輩のように流ちょうに話せるようになれるのだという中学校英語に対する期待感が高まる。

　英語科の指導をするにあたり，児童が興味をもつことは何だろうかと，常にアンテナを立てていてほしい。伝える相手のことを考えながら，聞きたい，話したい，読みたい，書きたいと児童が思える英語の授業をデザインすることを心がけてほしい。

注
(1)　2011年から施行された高学年における外国語活動の目標は，「言語や文化に関する体験的な理解」，「積極的にコミュニケーションを図ろうとする態度」，「外国語への慣れ親しみ」とされていた〔文部科学省（2008），東京書籍〕。

引用・参考文献
文部科学省（2017a）『小学校学習指導要領』。
文部科学省（2017b）『小学校学習指導要領解説　外国語編』。

文部科学省（2017c）『小学校外国語活動・外国語研修ガイドブック』。
文部科学省（2017e）『We Can! 1, 2』『We Can! 1, 2 指導編』。
文部科学省（2008）『小学校学習指導要領解説 外国語編』東京書籍。

学習の課題

(1) 文部科学省『小学校外国語活動・外国語研修ガイドブック』の高学年用の単元から１つを選び，その単元で，最終的に児童にできるようになってほしい「やり取り」もしくは「発表」を個人で考案しなさい。その後グループでその案を検討しなさい。

(2) 対象学年とその日の学習事項とを設定し，その授業の前おきとしてふさわしい導入のためのスモールトークを考えなさい（１分程度）。そしてそのスモールトークをグループ内で行い，その活動がその学年の児童に適切であるかどうかについてペアやグループや全体で議論しなさい。

(3) 文字や読みの練習を楽しく効率よくできる15分間程度の活動を考えなさい。そしてその活動をグループ内で行い，高学年児童に適切であるかどうかについてペアやグループや全体で議論しなさい。

【さらに学びたい人のための図書】

大津由紀雄・窪薗晴夫（2008）『ことばの力を育む』慶應義塾大学出版会。
　　⇨新学習指導要領でも強調されている，国語と英語との連携など，教科横断的な言語力の育成についての理論と実践を学ぶことができる。

酒井英樹・滝沢雄一・亘理陽一編著（2017）『小学校で英語を教えるためのミニマム・エッセンシャルズ〈小学校外国語科 内容論〉』三省堂。
　　⇨小学校英語の指導のためには英語に関する知識が必要である。小学校教員が知っておくべき，英語に関する基本的な専門知識が概説されている。

（浦谷淳子）

第8章 小学校外国語教育での読み書き指導

この章で学ぶこと

　この章では，小学校外国語教育で求められている言語活動の「読むこと」「書くこと」に焦点をあてて，その指導内容および指導方法を考える。まず新学習指導要領に沿って，「読むこと」「書くこと」の指導について何をどこまで教えるのかを明らかにする。また，求められている指導に加えて，子どもの学習状況に応じて取り組んでいける発展的内容についても触れる。さらに読み書きが文脈の中で自然に位置づけられる課題の設定など，言語活動の必然性をもった読み書きの指導について考える。

1　小学校外国語教育における読み書き指導の目標と内容

（1）新学習指導要領における「読むこと」「書くこと」の位置づけ

　2020年より実施される新学習指導要領において，高学年の外国語では，アルファベットの指導や「読むこと」「書くこと」の指導について，2011〜2019年度までの外国語活動時代と比べてより高度な内容まで含むことが示されている。「外国語」の目標は次のように示されている。「外国語によるコミュニケーションにおける見方・考え方を働かせ，外国語による聞くこと，読むこと，話すこと，書くことの言語活動を通して，コミュニケーションを図る基礎となる資質・能力を次のとおり育成することを目指す」（文部科学省，2017a，8頁）。

　このように，中学年の外国語活動で外国語の音声や基本的な表現に慣れ親しませたことを踏まえて，高学年に「読むこと」「書くこと」が加わった。ただし，この2領域についてはあくまでも高学年で「慣れ親しませることから指導する必要があり，『聞くこと』，『話すこと』と同等の指導を求めるものではな

いことに留意する必要がある」と『小学校学習指導要領解説』（以下『解説』とする）において強調されている（文部科学省，2017b，外国語編 11頁）。

　それでは，「読むこと」「書くこと」について，高学年「外国語」を中心として何をどこまで教えるのかを見ていこう。

（2）「読むこと」「書くこと」における具体的な目標・内容

①「外国語活動」における「読むこと」「書くこと」につながる目標

　新学習指導要領の外国語活動で示されている目標のうち，読み書きにつながるのは，「聞くこと ウ」にある次の目標である。「文字の読み方や発音されるのを聞いた際に，どの文字であるかが分かるようにする。」そのための言語活動としては，「文字の読み方が発音されるのを聞いて，活字体で書かれた文字と結び付ける活動」が示されている。

　具体的には，3 年生においては，A ～ Z までの名称の読み方と大文字の形を一致させることが目指されている。4 年生においては小文字の a ～ z についても同様に名称の読み方と文字が一致できることが目指されている。中学年においては，英語の音声に十分に親しみながら，文字に対しても慣れ親しむようにすることが目標であり，あくまでも文字は音声によるコミュニケーションを補助するものという位置づけである。

② 高学年「外国語」における「読むこと」の具体的な目標・内容

　高学年においては，段階的に「読むこと」，「書くこと」が加わり，「推測しながら読む」こと，そして「語順を意識しながら書く」ことが示されているのが特徴である。英語の文字や単語などの認識，日本語と英語の音声の違いやそれぞれの特徴への気づき，語順の違いなどの文構造への気づきが目指されているが，あくまでも日常生活での掲示物や絵本など，意味を伴った単語や文のなかでそれらの気づきを促すことが念頭に置かれている。「読むこと」に関する具体的な目標を見てみよう（表8-1）。

　目標 ア や，言語活動（ア），（イ）は，活字体で書かれた文字の違いを識別し，文字を見てその名称を発音できることを示している。英語の文字には，名

102

第8章　小学校外国語教育での読み書き指導

表8-1　新学習指導要領における「読むこと」の目標と内容（抜粋）

1　目　標
（2）読むこと
　　ア　活字体で書かれた文字を識別し，その読み方を発音することができるようにする。
　　イ　音声で十分に慣れ親しんだ簡単な語句や基本的な表現の意味が分かるようにする。

2　内　容
（3）言語活動及び言語の働きに関する事項
　　①　言語活動に関する事項
　　イ　読むこと
　　（ア）活字体で書かれた文字を見て，どの文字であるかやその文字が大文字であるか小文
　　　　字であるかを識別する活動。
　　（イ）活字体で書かれた文字を見て，その読み方を適切に発音する活動。
　　（ウ）日常生活に関する身近で簡単な事柄を内容とする掲示やパンフレットなどから，自
　　　　分が必要とする情報を得る活動。
　　（エ）音声で十分に慣れ親しんだ簡単な語句や基本的な表現を，絵本などの中から識別す
　　　　る活動。

出典：文部科学省（2017a）『小学校学習指導要領』138～141頁。

称以外に，語の中で用いられる場合の文字が示す音がある。たとえば，a は
／ei／と読む「名称」のほかに，apple という単語の中では／æ／という「音」
（音素），apron という単語の中では／ei／という「音」（音素）をもっている。
しかし，この目標における「読み方」とは，「音」（音素）ではなく，文字の名
称の読み方を指している。なお，先述したように中学年では文字が名称読みで
発音されるのを聞いて，どの文字であるかが「わかる」ようになるという目標
があり，文字のもつ音の理解はその次の段階である。

　ただし，音について指導しないのではない。目標　イ　の「音声で十分に慣れ
親しんだ簡単な語句や基本的な表現」については（この限定的な言い回しが重要
である）その音が，そしてその結果としてその意味がわかるようにすることを
求めている。日常生活に関する身近で簡単な事柄について，掲示やパンフレッ
トなどから自分が必要とする情報を得たり，絵本などに書かれている簡単な語
句や表現を識別したりするなど，言語外情報を伴って示された語句や表現を推
測して読むようにすることが具体的な例として示されている〔言語活動（ウ），
（エ）〕。この点について，さらに『解説』では，次のような例が示されている。

103

「中学年から単語の綴りが添えられた絵カードを見ながら何度も聞いたり話したりしてその音声に十分に慣れ親しんだ単語が文字のみで提示された場合，その単語の読み方を推測して読むことを表している。また，場面などを活用して読むことも考えられる。例えば，動物園の絵のそばに添えられた zoo という単語があれば，音声で十分慣れ親しんだ語を思い出して，zoo が読めることも考えられる。あるいは，book の b の発音を思い出して，bed を推測しながら発音することも考えられる」（『解説』外国語編 13頁）。

　このように，この例から見えてくるのは，書かれた文字とその文字の音との結びつきを手がかりに児童が文字の音声化を試みるということであり，この目標からは「児童の学習の段階に応じて，語の中で用いられる場合の文字が示す音の読み方を指導すること」（『解説』外国語編 19頁）の必要性が含まれている。ただし，これは，あくまでもその手がかりとして位置づけるということであり，発音と綴りのルール（フォニックス：phonics）の指導を行うのは中学校の範囲であるとされている。

　とはいえ，新学習指導要領は最低基準として示されているものである。したがって，先進的な小学校では，音韻認識（こうした音素へ気づきを得ること）の育成を目的として，アルファベットの一つひとつを "A says a, a, apple", "B says b, b, bear" とリズムに乗せて歌う「アルファベットジングル」（または a, b, c, d の音素読みを表す「アブクドゥ読み」）と呼ばれる活動や，同じ韻をもつ単語をあげて共通した音・音韻に気づかせるという活動を取り入れ始めている。また，新学習指導要領に即して示されている新教材『We can! 1, 2』においては，たとえば各ユニットで意識させたい文字（音素）がページ下部に示されていたり，読みもの教材に bake, shake, cake などの単語がキーワードとして含まれていたりすることから，一つひとつの「音」（音素）や韻（rhyme）に意識を向ける指導を行う活動が示されている。一人ひとりの児童にそれを完全に「定着させる」ところまでは学習指導要領では示されていないことに留意しつつも，こうした取り組みを急がず，丁寧に指導の一環として位置づけていくことが今後求められていくだろう。

第8章　小学校外国語教育での読み書き指導

表8-2　新学習指導要領における「書くこと」の目標と内容（抜粋）

1　目　標
　(5)　書くこと
　　ア　大文字，小文字を活字体で書くことができるようにする。また，語順を意識しながら
　　　音声で十分に慣れ親しんだ簡単な語句や基本的な表現を書き写すことができるように
　　　する。
　　イ　自分のことや身近で簡単な事柄について，例文を参考に，音声で十分に慣れ親しんだ
　　　簡単な語句や基本的な表現を用いて書くことができるようにする。

2　内　容
　(3)　言語活動及び言語の働きに関する事項
　　①　言語活動に関する事項
　　　オ　書くこと
　　　（ア）文字の読み方が発音されるのを聞いて，活字体の大文字，小文字を書く活動。
　　　（イ）相手に伝えるなどの目的を持って，身近で簡単な事柄について，音声で十分に慣
　　　　れ親しんだ簡単な語句を書き写す活動。
　　　（ウ）相手に伝えるなどの目的を持って，語と語の区切りに注意して，身近で簡単な事
　　　　柄について，音声で十分に慣れ親しんだ基本的な表現を書き写す活動。
　　　（エ）相手に伝えるなどの目的を持って，名前や年齢，趣味，好き嫌いなど，自分に関
　　　　する簡単な事柄について，音声で十分に慣れ親しんだ簡単な語句や基本的な表現
　　　　を用いた例の中から言葉を選んで書く活動。

出典：文部科学省（2017a）『小学校学習指導要領』138〜141頁。

（3）高学年「外国語」における「書くこと」の具体的な目標・内容

　「書くこと」においては，目標　ア　や言語活動　オ，（ア）（イ）（ウ）にある
ように，「大文字，小文字を活字体で書くこと」，「語順を意識しながら音声で
十分慣れ親しんだ簡単な語句や基本的な表現を書き写すこと」が目標となって
いる（表8-2）。とくに小文字の高さや向きに課題をもつ児童は少なくない。
また，「単語と単語の間にスペースをとること」や「文章の最初や固有名詞は
大文字にする」などの英語の書記法も，児童にとっては新しい学習事項である
ため，まずは4線を意識して「書き写す」という活動を位置づけ，丁寧に指導
することが求められている。また，この書き写す内容についても「音声で十分
に慣れ親しんだ語彙や表現について」ということに限定していることが重要で
ある。

　さらに目標　イ，言語活動（エ）は，定型文（例文）をもとに，自分自身の

105

伝えたい内容に即して一部を書き換えたり，用意された単語群の中から選び取って書き写したりするなどの活動があげられている。

　重要なのは，あくまでも「自分の気持ちや考えなどを伝え合う」活動を通して，聞いたり話したり，推測しながら読んだり語順を意識しながら書いたりすることを求めるということである。文脈から切り離して取り出してドリル的に読み書きの指導をするというものではないことに留意しなければならない。

２　読み書き指導のステップと具体的な指導

（１）読み書き指導を意識した素地づくり（中学年以前から）

　それではこうした目標に向かうためには，どのような系統的な読み書き指導のステップを踏めばよいのだろうか。また，そこでは何がポイントになるのだろうか。

　第一に，身の回りのアルファベットに意識が自然と高まるような文字環境を整えることである。中学年以下の活動であっても，音声にしっかりと親しませる活動や，文脈のある活動の中に自然に文字があることで，自然と文字と音声との関係に気づき，それを手がかりに活動をしている児童もいると考えられる。

　教室の名称を英語で掲示したり，階段や廊下の掲示を英語のものにするなどの実践例は多く見られる。また，教師からの意識的な働きかけとして，身の回りにあるアルファベット探しの活動も考えられる。たとえば，校区内での探検や児童への宿題等で身近にあるアルファベットを探す活動を行えば，駐車場の「P」やドアの「pull」など様々なアルファベットにあふれていることに気づく。図8-1は紙皿の縁にアルファベット（好きな文字，今回はVとXを除いた24文字）を書き，生活環境や持ち物に書かれたアルファベットを見つける活動の教

図8-1　アルファベット探しの教材例

出典：筆者作成。

材例である。文字の間に切れ込みを入れておき，見つけたらその文字を折り込むというシンプルなものだが，大文字と小文字の対応や，多く使われている文字（母音が多い）への気づきが得られ，中学年はもちろん，高学年でも知的な発見がある。

また，絵本を読み聞かせるときにも，読み方に少しの工夫をするだけで文字へ意識を向けることができる。たとえば，教師が読んでいる箇所を指でなぞりながら読むことで，繰り返しの部分や日常的な単語，韻などの部分を意識させ，文字と音の関係への気づきを促すこともできる。もちろん，こうした気づきをすべての児童に要求するのではなく，あくまでも気づきを促す豊かな環境をつくることが重要である。

（2）活字体の大文字・小文字の学習（中学年から高学年）

アルファベットの学習においても，それが単なるドリル的練習にならないように，たとえば名前カード（名刺）づくりやメニューづくりなど，目的や意図をもった活動の中で自然と大文字・小文字に意識が向くような活動がよい。そのうえで，活字体の大文字・小文字の形や名称が定着できるようにしたい。

とくに留意すべきは，小文字である。小文字はその高さや向きがより複雑であり，混乱が起きるところである。指導現場でよく取り組まれているのは，たとえば ABC の歌を歌いながら，アルファベットの高さ（4 線上）や形を意識させるため，2 階建て，1 階建て，地下で身体のポーズを変えるという実践である。まずは形に意識させるステップである。

また，小学校 3 年生（国語）では，ローマ字指導が行われる。同じアルファベットを用いるが，ローマ字は日本語の音声を英語の表記法に当てはめて表したものであることを理解し，英語表記とは別のものであるという認識をさせたい。ただ，日本語のひらがなの一音は英語表記では基本的に「子音＋母音」であることに気づくなど，アルファベットの理解・定着を超えてそうした仕組みについても意識が向けられるとなおよい。なかには，ローマ字表記と音声的に慣れ親しんだ単語との共通点に目を向け，単語のはじめの音（初頭音）は同じ

文字で同じような音をもっていることに気づく児童もいるだろう。そのような重要な気づきを児童が発言したときには，教師がその発言を取り上げ，全体で共有する声かけができると，ほかの児童らの文字に対する気づきも促せるだろう。

（3）音韻認識から文字を読むことへ（中学年から高学年）

そもそも音と綴りを関係づけた指導はなぜ必要なのだろうか。もちろんそれは，文字で書かれた英語の単語や文を自力で音声化（音読）できるようにするためである。音声化した英語がもし口頭練習を通して既知となっている英語ならば，音声化した瞬間に意味もわかる。つまり英文（単語）が読んでわかるのである。口頭での練習を続けてきた学習者が英語を本当に「読める」ために不可欠な練習である。ただ，その指導は専門的で難しいこともあり，前述のように，『解説』では中学校での学習事項としている。

小学校においてはそれらの関係性についてのルールを指導することは行わず，その前段階として，とくにアルファベット一つひとつの「音」やそうした音の組み合わせで単語が成り立つのだという，音と単語の関係について児童の意識を向けたい〔このような音（素）と単語や文の関係についての気づき・認識については「音韻認識」（phonemic awareness）と呼ばれている〕。こうした指導はこれまでの外国語活動でも，また中学校での指導でも丁寧には位置づけられてこなかった部分である。では，どのような指導が考えられるのだろうか。以下に見ていきたい。

① 初頭音への着目

図8-2は，特定の文字（ここではP）を取り上げて，その文字から始まる，音声的に慣れ親しんだ単語をいくつかあげ，初頭音に注目して共通性を考えるという指導例である。この活動によって，Pという文字は /p/ という「音」（音素）をもつことに意識を向けることができる。さらに，例外が少なく，音素に意識を向けやすい「S」や「T」などの文字で同様に行っていくと，アルファベットには「名称」のほかに「音」があることに気づき，26文字それぞれはどのような「音」をもつのかに関心が広がっていく。

第8章 小学校外国語教育での読み書き指導

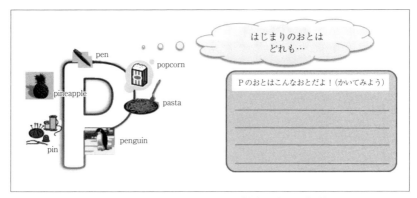

図8-2 特定の文字についてその「音」を考える指導例
出典：筆者作成。

② 音韻認識から単語のスペリングへの意識へ（発展的指導）

①の活動は，たとえば絵本や歌など，慣れ親しんだ単語が多く含まれるものを扱ったときに，その単語の初頭音の色を変えて提示したり，"m, m, monkey"のように初頭音を繰り返して単語を読んだりして，意識を向けさせることができる（たとえば図8-3の下線部分のいくつかを児童の実態に応じて選び，教師が意識して発話する）。ただし，毎回の授業ですべてを触れる必要はなく，ほんのわずかな時間の活動でよい。

そのうえで，やや発展的な指導も紹介しておきたい。言語や音声面に優れた気づきをもつ児童もいる。児童の実態や学習状況に応じて，音韻認識を育て，書くことにつなげていくには次のようなステップがある。

初頭音への着目（①）と同様に，次に児童が目を向けやすいのが語の末尾（脚韻）の部分である。そのため，同じように身近で慣れ親しんだ単語をそろえ，語尾の同じ文字が同じ音となることに気づかせる。

こうした気づきを重ねていくと，子音―母音―子音で形成された三文字単語に目を向けたとき，真ん

Five little monkeys jumping on the bed.
One fell off and bumped his head.
Mama called the doctor and the doctor said,
"No more monkeys jumping on the bed!"

図8-3 慣れ親しんだ歌において文字に意識を向ける例
出典：筆者作成。

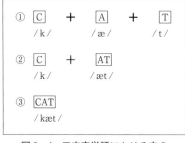

図 8-4 三文字単語における音の
足し算の指導例

出典：筆者作成。

中の母音においても一定の文字・音の一致があることがわかる。そのような児童の実態を踏まえて、図8-4のような活動も考えられる。まず①のように、一つひとつのアルファベットをカードで示し、それぞれの「音」をもっていることを確認する。今度はカードを②や③のように近づけながら、at は / æt / というように音が合わさることを示す。このように、この活動は、一つひとつのアルファベットの「音を足し算する」ことで1つの「単語」の音声となることを体感させるものである。児童が自然に楽しんで行えるクイズ形式などを通してこのような発見を積み重ねていけば、中学校外国語科での音声と綴りの指導につながる素地となるだろう。

（4）文字の形や文の形式を意識して書くこと

　先述のように、児童にとって課題となるのは、とくに小文字の高さや向きに意識をして書くことである。そして文になると単語と単語の間にスペースをあけることや、文頭や固有名詞の頭文字が大文字になるという表記法についての学習が新しい課題となる。そのため次のような実践の工夫が求められる。

　まず、文字の高さや向きに意識を向けた学習では、図8-5のようなワークシートが用いられている。黒板用の掲示カードにおいても、4線の上に文字を書いたものを用いるとよい。文字が点線やグレーで書かれていて「なぞる」段階のもの、板書してある表現を「写して書く」段階のもの、そしてワードリストから自分の表現したい語彙や表現を自分で4線の上に「選んで写して書く」段階のものと段階を踏むこともできる。児童たちの実態に応じて工夫が必要である。

　さらに工夫するとすれば、4線の上から2番目の空間（「1階建て」の部分）の幅をほかに比べてやや広くするとよい。また4線ではなく3線を使用する例も見られる（一番下の線がない）。いずれも、児童が書き写す際に書き始める場

第 8 章　小学校外国語教育での読み書き指導

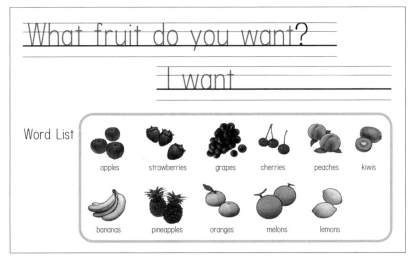

図 8-5　写して書くということを意識したワークシート例
出典：筆者作成。

所や向き，高さを意識して書くための工夫である。

このようなワークシートを利用しながら，文頭（What）の W は大文字になること，単語間は一文字分スペースをあけること，疑問文には「？」（クエスチョンマーク），普通の文には「．」（ピリオド）をつけることをおさえていく。

こうした指導も，音韻認識を育てる指導と同様に，45分の授業の大部分を費すのではなく，活動に即して必要なときに取り組み，毎回の授業で少しずつ積み重ねていくことが大切である。そうした積み重ねを通して，たとえば「I の後に動作（動詞）を入れるのだなあ」といった英語の語順に対する気づきが得られるのである。

（5）「読むこと」と「書くこと」の意欲を引き出す課題の設定

以上で見てきたように，読み書きの指導において重要なのは，個々の細かな知識・技能をドリル練習として終わらせないことである。読み書きが必然的に位置づく活動を設定し，そのなかで児童が「読みたい」「書きたい」と思えるような課題を通してそれぞれを統合的に指導していく必要がある。

III

たとえば「ランチメニューをつくろう」という単元ではメニューの設定，また「Welcome to Japan」という単元ではプレゼンテーション発表のポスターなどの作成において，児童が「Lunch Menu」と書きたいから写して書く，「Beautiful Cherry Blossoms」と書きたいから調べて書く，といった活動が求められる。そこで教師は児童の興味関心を踏まえ，教科書や副読本をもとに選定した単語を示しつつ，児童が発表内容に応じて自由な表現を入れることができる余白（児童それぞれが考えるオリジナルな部分）を課題に含めておくとよい。

　また，カードを送り合う欧米の文化を体験する意味でも，季節の行事などを利用して"I love you"，"Take care"，"See you again"，"Thank you"などという表現を組み合わせ，オリジナルカードをつくる活動なども設定できる。ALT や国際交流先の児童とのやり取りができれば，必然的に書くことを位置づけることができ，児童の学びに向かう力，人間性も高められる。さらには，相手意識・他者意識がもてることで，より相手に「読みやすい」ものにしようとしたり，文字の形や単語間のスペース，綴りなどにより意識が高められる実践になるだろう。

3　読み書きの発達を丁寧に見取る

　「読むこと」「書くこと」の領域は，児童の能力差が出やすい。最大40名の1クラスで授業をしながら多様な状況を掴み，適切な指導を行うことは非常に難しい。そこで重要なのが，ワークシートへの記述や振り返りシートである。これらのシートをファイルに貯めていき，児童の学びのポートフォリオ（学びを蓄積していくファイル）としても活用できる。さらに児童の「読むこと」「書くこと」の発達には，これまでに指導のステップとして見てきたような発達のポイントとなる節目・項目がある（表8-3）。

　こうした表（チェックリスト，記録表）があることで，書くことにおいて，教師は児童のどのような姿を観察し，評価するポイントにすればよいのかがわかる。また児童の様子を各節目で（たとえば学期末など）記録することで，教師は

第8章　小学校外国語教育での読み書き指導

表8-3　読み書きの評価記録シートの例

読むこと・書くことの評価記録シート		
Name：		
		check
アルファベットの音の認識		
聞いて音の違いがわかる		
単語の初めの音が同じ語がわかる		
単語の終わりの音が同じ語がわかる		
単語の間の音が同じ語がわかる		
発音できる		
アルファベットの文字と音の関係		
アルファベットの「名前」		
大文字	聞いてわかる	
	発音できる	
	書くことができる	
アルファベットの「名前」		
小文字	聞いてわかる	
	発音できる	
	書くことができる	
アルファベットの「音」		
大文字	聞いてわかる	
	発音できる	
	書くことができる	
アルファベットの「音」		
小文字	聞いてわかる	
	発音できる	
	書くことができる	
聞いた単語が書ける（発展）		
三文字単語が読める（発展）		
英語の表記法		
大文字と小文字を組み合わせることができる		
文字を4線上に正しく書ける		
自分の名前が書ける		
単語の間にスペースを入れて書ける		
クエスチョンマークやピリオドをつけて書ける		

※　ここではアルファベットの「名称」について児童にわかりやすいように「名前」としている。
出典：Powell & Hornby, 1993, p. 107 および田中（2017）59〜60頁を参考に筆者作成。

113

児童の学習状況について丁寧に見取ることができる。今後読み書きの指導を充実化していく際には，こうした表の活用も役立つだろう。

　以上のように，「読むこと」「書くこと」の指導が新学習指導要領で小学校高学年に本格的に導入されることとなったが，あくまでも読み書きが必然的に位置づく活動の中で指導することが強調され，急がずに丁寧に指導することが求められている。中学校英語教育で行われる系統的で明示的な指導の素地として，児童の文字や音への興味・関心・意欲を高めることが何より重要である。

引用・参考文献

田中真紀子（2017）『小学生に英語の読み書きをどう教えたらよいか』研究社。

文部科学省（2017a）『学習指導要領』。

文部科学省（2017b）『小学校学習指導要領解説』。

Powell, D. & Hornby, D. (1993) *Learning phonics and spelling in a whole language classroom.* Scholastic Inc.

（学習の課題）

(1)　アルファベットの大文字および小文字を定着させるための，児童にとって楽しい活動（ゲーム活動やアクティビティ）を考えてみよう。

(2)　1つの単元を定めて，児童が自然と英語を「読むこと」「書くこと」を必要とするコミュニケーション活動を考えてみよう。

【さらに学びたい人のための図書】

田中真紀子（2017）『小学生に英語の読み書きをどう教えたらよいか』研究社。

　　⇨読み書き指導をめぐる理論的な議論を踏まえ，音韻認識を高めるための指導や評価など，具体的な実践的アイデアについても紹介されている。

アレン玉井光江（2010）『小学校英語の教育法——理論と実践』大修館書店。

　　⇨小学校英語全般について記されているが，とくに読み書き指導をめぐる英米の議論と，ホール・ランゲージ（絵本などの実際の豊かな文脈を伴った読み書きの指導）に基づく英語活動のあり方が紹介されている。

（赤沢真世）

第9章

第9章 教材と ICT など教具の 選択，使用，作成

この章で学ぶこと

　この章では，①小学校で英語を教えるための様々な教材教具，②どのような目的で何を使うのか，③選択・作成のポイント，④効果的な使い方について学ぶ。教材の使用目的については，学習指導要領で提示されている育成すべき資質・能力に沿って考える。教材の効果的な使い方については，目的（効果的な音声インプット・文字認識を促す・自己表現を促す・異文化理解を深める）に沿って適切に使用するためにはどうすればよいか，具体例を通して学ぶ。

1　様々な教材と使用目的

（1）教材教具とは何か

　一般的に教材とは，教科書，絵本，音声の入った CD や動画の入った DVD，ポスターやカード類などの教える内容を含む素材のことを指し，教具とは，黒板（ホワイトボード），ICT 機器（コンピュータ・プロジェクター，実物投影機，電子黒板など），レアリア（実物）などの教えるための道具のことを指すが，教材教具と合わせて表記する場合もあり，明確に区別することは難しい。本章では，主に教材を取り扱い，教具についても適宜言及する。

　小学校で英語を教えるための教材には様々なものがあるので「この教材を使いたい」といった気持ちが先行してしまうこともあるかもしれないが，「何のために，どのように使ったらよいか」「それを使うことでどのように学びが深まるか」という視点をしっかりともって教材研究・作成をしなければならない。

（2）どのような教材があるか

　小学校の外国語活動・外国語科の授業をするための教材教具として，いくつ思いつくだろうか。絵カードやポスター，教科書などの配布テキストやワークシート，絵本，歌やチャンツなどの音声が入った CD，動画が入った DVD などが思い浮かぶだろうか。教具としては，DVD/CD プレーヤー，資料を見せたりインターネット画面を使った交流に使用するため PC/タブレット端末などが思いつくだろうか。しかし，このような既製のものだけではなく，子どもの身近にあるものも役に立つ。たとえば，教室や校庭にあるもの（机やいす，窓やドア，時間割，カレンダー），児童や教師の持ち物（筆箱，道具箱やその中身），着ている服（季節に合わせた衣類）などもあれば，「英語」という枠にとらわれずに，日本語の絵本や図鑑，他教科の教科書なども活用できる。大切なのは，これらを目的に合わせて適切に使用することである。

（3）何をどのような目的で使うのか

　これらの教材教具はどのような目的で使ったらよいのだろうか。学習指導要領で提案されている 3 つの育成すべき資質・能力「①知識及び技能」「②思考力・判断力・表現力等」「③学びに向かう力・人間性等」に沿って考えてみよう（表 9-1 参照）。

　「①知識・技能」は英語の 5 領域（聞く・読む・話す「やり取り・発表」・書く）で考えてみるとわかりやすい。すべての領域に関係する「語彙や表現を増やす・定着させる」ことは全体の基盤となる目的ではあるが，「聞く・やり取り・発表」の知識・技能を育成するための教材には，良質な音声インプットを提供する，言語の使用場面をわかりやすく提示する，自己表現を促すなどの目的があげられる。たとえば，英語らしい音の流れが崩れていない歌やチャンツが入った CD，英語でやり取りしている場面がわかる DVD や良質な絵本，自己紹介のために使うポスター（図 9-1 参照）などがある。十分に音声で慣れ親しんだ語彙や表現を「読む・書く」活動につなげていくためには，文字認識を促す，文字と音の関係に気づかせる，文字を書く（文字から単語そして文へ）と

第9章　教材と ICT など教具の選択，使用，作成

表9-1　教材の使用目的と例

①知識・技能	「聞く」「話す」（やり取り・発表）	良質な音声インプットを提供する（CD）	語彙や表現を増やす・定着させる（教科書）
		言語の使用場面を分かりやすく提示する（DVD/絵本）	
		自己表現を促す（発表に使うポスター）	
	「読む」「書く」	文字認識を促す（アルファベットポスターや文字入り絵カード等の掲示物）	
		文字と音の関係に気付かせる（アルファベットカードと CD）	
		文字を書く支援をする（ワークシート）	
	異文化理解	異文化理解を促す（絵本・ICT）	
②思考力・判断力・表現力等		日本語で培った思考力・判断力を活かし，知的好奇心を刺激しながら学習意欲を高める（他教科の教材）	
		相手に配慮しながら，目的・場面・状況に合わせて表現できるように促す（DVD・ALT が作成する独自教材）	
		異なる文化や背景をもつ人たちに対して表現する場を設定する（SKYPE 交流に使用する ICT 機器・日本を紹介するポスター）	
③学びに向かう力・人間性等		自律的な学習を促すための動機づけをする（児童の興味・関心に沿った独自教材やレアリア）	

※（　）は一例。グレーの部分は第3節で詳しく扱う。
出典：学習指導要領のねらいを踏まえて筆者作成。

いった目的を意識しなければならない。たとえば，掲示用のアルファベットポスター（児童がアルファベットを探す），児童が手元で使う小さいアルファベットカードや日本語の音との違いがわかるチャンツの CD などがある。語彙インプットのために使う絵カードには文字を付して児童が自然に文字に触れる機会を増やせるように工夫するとよい。

　「書く」活動は，児童が本当の気持ちや意見を表現するための活動と結びつけ，音声で十分に理解し表現することができるものを，文字から単語そして文へと段階的に書く工夫が求められる。最初はアルファベットの形がわかる（a はどこかな？と質問されて指さす・一部隠されたアルファベットを見て何か当てる），体や指でアルファベットの形をつくってみるといった，アルファベットの名前と形を一致させる活動から始め，次に，単語の最初の文字だけ書いてみる（_ook：b），単語を文の中に入れてみる（I like ___.：cats）など段階的に進める

117

のがよいだろう。

　児童の関心を社会や世界へと広げていくためには，異文化理解の要素を教材に取り入れる必要がある。その際，英語圏の文化だけに偏ることなく，アフリカやアジア，オセアニアなど児童が広く世界に目を向け，様々な文化や言語を等しく尊重できるように配慮することが肝要だ。たとえば，外国語活動では様々な国の子どもたちの生活がわかるような絵本や動画でいわゆる３Ｆ（Fashion, Food, Festival）を紹介するなどは児童の関心を高めるのに有効だろう。外国語科の授業では内容をより発展させて，日本と世界のつながりや地球的な課題がわかるような写真や資料（食料自給率を示すグラフや絶滅危惧種が描かれた絵など）を使えば，こうした状況を踏まえて児童が英語で世界にどのようなメッセージを発信できるかを考える表現活動につなげることができる。

　次に「②思考力・判断力・表現力等」の育成のためには，児童が日本語で培ってきた思考力・判断力を英語の指導内容と結びつける工夫をし，限られた語彙や文法であっても，相手に配慮しながら目的・場面・状況に合わせて表現できるようになることが目標となる。そのためには，他教科の内容を取り上げたり，日本と他国の文化や言語の相違点や共通点がわかるような資料などが有効だ。たとえば，理科や社会で学習したものを題材として取り上げるための資料（植物の一生の写真や様々な国の文化や日本との関わりを示す資料）や ALT が自分の国や文化を紹介する実物や写真などを使うと，児童が比較したり分析したりと「深く思考する」場面を設定できる。また，留学生を招いて日本文化を紹介したり，ICT 機器を活用して他国の児童と交流するなど，異なる文化や背景をもつ人たちに対して「表現する」ことを目標とした活動（事前学習も含む）を設定すれば，相手に配慮した豊かな自己表現を促すための教材（例：オーストラリアの児童との交流では，日本とオーストラリアの学校比べ・動物紹介・アニメなどの子ども文化クイズで使う写真や絵）を選ぶことが必要となる。

　「③学びに向かう力・人間性等」を育成するためには，自律的な学習を促す動機づけが大切だ。つまり，児童の「知りたい・学びたい」という意欲を最大限に引き出す工夫が求められる。そのために活用できる教材としては，たとえ

第 9 章　教材と ICT など教具の選択，使用，作成

ば児童の心にあるもの（好きなものや好きなこと，得意なこと，行ってみたい場所，驚いたこと，家族や友だちとの思い出など）がわかるような写真や絵，教師が自分のクラスの児童に合わせて作成する独自教材（学校の先生や行事の写真や動画，児童アンケートのまとめ，児童の作品集，ALT が作製した動画，学校周辺で取材をしたときの写真やメモ），英語を使った身の回りにあるもの（英語で書かれたポスター，看板，地図，メニュー，チケット，チラシ，パッケージ），レアリアなどがあげられる。こうした教材を目的に合わせて適切に使用すれば，児童を「ぐっとひきつけられる」授業が展開できるだろう。

2　選択・作成のポイント

（1）わかりやすさと扱いやすさ

　教材の選択・作成のポイントを，わかりやすさと扱いやすさ，適切さ，その他の注意点とし，表 9 - 2 を参照しながら考えていこう。

　まず，児童にとって教材がわかりやすいことは最も重要である。教室の大きさや教室運営の仕方（ペアやグループで使わせるのか，全体に提示するのか）を考慮し，どのように見えるか・聞こえるかを確認してから使用しなくてはいけない。扱いやすさは，教師と児童の両方の視点から考えてみよう。教師にとって，絵カードの提示のしやすさ（扱いやすい大きさ・重さか，すぐに黒板に貼れるようになっているか）や CD/DVD を使用する機器や PC を使用するためのスクリーンやプロジェクターといった ICT 機器の操作性は，授業をスムーズに進めるための重要なポイントである。事前に入念に操作性を確認し，操作に慣れておく必要があるだろう。また，児童が手元で使用する教材（絵カードや絵本など）は，児童の手にあった大きさになっているか，口に入れても安全なものか，カード類の角がとがっていてけがをしないかといった，操作性に加え安全性も考慮する必要がある。さらに使用した教材を教室に掲示したり，英語の絵本を学級文庫に加えたりするなど，児童が日常的に教材に触れられる環境整備も大切である。

119

表 9-2 適切な教材選択のためのチェックシート

項　目	チェックのための質問	✓
わかり やすさ	提示する際に見やすいか 聞かせる際に聞こえやすいか	
扱い やすさ	扱いやすい大きさ・重さか 掲示物は取り外しがスムーズにできるか ICT 機器はきちんと作動するか・操作に慣れているか 使用する際に安全か 児童が日常的に触れやすいか	
適切さ	児童の発達段階に合っているか 様々なレベルに合わせられる工夫がされているか（英語の速度・難易度の調整） 適切な使用場面を設定して教材を選んでいるか 適切で良質な音声インプットが提供できているか	
その他の 留意点	段階的に達成感が得られる構成になっているか コミュニケーションや自己表現が楽しめる内容か 児童の生活や身近なものと関連がある内容か 知的好奇心を刺激し，興味深い内容か 異文化理解を促す内容か ジェンダーや人権など倫理的な配慮があるか	

出典：筆者作成。

（2）適切さ

　当然のことながら，その教材が授業計画や目標に沿ったものになっているかを第一に考えなくてはいけない。「その教材で児童のどのような学びが深まるのか」を常に念頭に置き，教材を選択・作成しなくてはいけない。これを前提に，発達段階に合った教材かどうかを確認しよう。外国語活動を行う中学年の発達段階の特徴として，（もちろん例外もあるが一般的には）音の繰り返し練習を厭わない，体を使った活動でも進んで参加する（いずれも低学年の方がこうした傾向は強いが），グループ活動ができるようになる，ファンタジーの世界で遊べる（動物が話をするような物語も楽しめる），何となく「こんなことを言われているのかな」といった推測をもとに躊躇なく発言するなどがあげられる。一方，外国語科の授業を行う高学年は，意味のない繰り返し練習を嫌がり，体を使ったり声を出したりすることが少し恥ずかしくなる反面，知的好奇心が高まりメ

第9章　教材とICTなど教具の選択，使用，作成

タ認知も発達するので「何となく」ではなく「はっきりと」わかりたくなり，深い思考を要求する内容に興味を示したり，言語の規則性や構造といったことに気がつけるようになる。

　これらを踏まえて，外国語活動では英語特有のリズムが味わえる歌やチャンツ（"BINGO"，"Seven Steps"）やファンタジー性のある絵本（"Who are you?": Let's Try! 1 Unit 9）を使ったり，TPR（Total Physical Response）などの身体的活動を伴う教材の使い方（同じ絵カードでも，動詞はジェスチャーで表現する，児童が黒板で正しい順番に並べ替える，教師の言った絵カードを児童が取ってくるなど）を工夫することができるだろう。外国語科の授業では，歌詞に物語性や深い意味のある歌を取り上げたり〔"The Bear Song（もりのくまさん）"，"Beautiful Name"〕，他教科の内容を踏まえた少し考えさせるような内容を扱ったり（世界の子どもたちのなりたい職業ランキング），異文化や地球的課題を考えるような絵本（"Malala/Iqubal" p. 125 参照）を使用したりするとよいだろう。また，言語の音の違いを意識したり（世界のあいさつ），言語構造を比較したりする活動（日本語では「○○が好き」＝目的語の後ろに動詞だが，英語では "I like ○○." ＝ 主語・動詞・目的語など）に必要な教材（様々な国の人があいさつをする動画や品詞ごとに分けてある文字カード）も活用できる。

　加えて，児童の英語のレベルは様々なので，英語の歌や表現を導入するときに，速度や難易度が調整できるように準備しておきたい（最初はCDで，速すぎたら教師がゆっくり歌う，既習から未習へと進むように単語を導入し児童の反応を見て順番を入れ替えたり削除したりするなど）。

　また，言葉が適切に使われる場面設定とそのための教材選定も大切である。たとえば，"What color do you like?"，"I like yellow." というやり取りが自然にできるのは，どのような場面だろうか。「友達に誕生日プレゼントが描かれたカードをプレゼントするために，どの色が好きか，何色の何がほしいかたずねる」，といった場面が考えられるだろう。必要となる教材は様々な色のカードや色鉛筆だが，適切な場面設定を生かすために，本物のカードのように扱える大きさや厚さにする，児童が好きな色を揃えておくなどの工夫をするといい

だろう。「"What color do you like ?", "I like yellow." を言えるようになる」ことが目標ではなく，必然性のある言葉のやり取りの中で児童が「本当の意見や気持ちを表現する」ことが目標であり，そのための適切な場面設定と教材選定が重要だ。

　最後に，英語の音声インプットのために頻繁に使用される CD などの音声教材は，英語のリズムがわかりやすく乱れのない質のよいものを選びたい。とくに強弱アクセントの位置がおかしかったり，単語ばかりが並んでいるような歌詞の歌は避けたい。近年インターネットでも手軽に英語の歌などが手に入るが，「よい質」の音声インプットを選ぶことが重要だ。

（3）その他の留意点
　まずは，児童が達成感をもてるように，段階を追って英語の語彙や表現が難しくなる構成になっているかどうか配慮しなくてはいけない。また，児童が友達や教師（ALT）とのコミュニケーション（やり取り）や発表に充実感をもって楽しく取り組めるようにするために，「本当のこと」を言う必然性のある内容を扱うことが大切だ。すでに知っていることや知っていてもあまり意味のないことをインタビューし合ったり発表したりするのではなく，それを知ることで何かができる，もしくはわかる（ような内容を）扱うとよいだろう（例：What...do you like? でクラスの人気ランキングをまとめる，Where do you want to go? で，○年△組世界一周の旅を計画するなど）。発達段階を考慮するならば，とくに中学年を対象とする場合は子どもの生活や身近なものと関連がある内容か，高学年の場合は知的好奇心を十分に刺激する興味深い内容かなどを考慮する必要がある。そして，異文化理解の視点が欠けていないか，ジェンダーや人権など倫理的な配慮があるかどうかも考えなくてはいけない。外国語を学ぶ意義は，世界へと目を向け，意味のある自分のメッセージを発信するツールを身につけることである。そのためには，様々な価値観があることを知り，真に民主的で平等な社会とはどのようなものかを想像することが大切だ。小学校段階でもこのような視点をもち，扱う教材の内容に十分な配慮が必要だ。

第9章　教材とICTなど教具の選択，使用，作成

[3] 教材の効果的な使い方の具体例

（1）音声インプットを効果的に行うために（歌・絵本・絵カード・動画）

　音声インプットで大切なことは，良質な教材を選ぶこと，児童が無理なく繰り返し触れられること，発達段階に沿ったものを扱うことなどがあげられる。その日の授業内容に関連した歌を授業の導入で使う場合は，歌詞カードや文字を見せずに「今日の歌は何の歌だろう？」と問いかけながらCDをかけたり教師が歌い始めたりして「いま何が聞こえたかな？」という質問をしながら繰り返し聞かせると自然に何度も触れさせることができる。児童が音に慣れてきたところで「一緒に歌える人は歌ってみよう」と自然なアウトプットを促すといいだろう。外国語活動では，児童と教師・児童同士で掛け合いで歌ったり（"Seven Steps"など），体で表現しながら歌ったり（"Head Shoulders Knees and Toes"など）すると楽しい。高学年では，歌詞の意味や作詞家の意図なども考えながら歌ったり（"It's A Small World"など），児童と一緒に単語の一部を変えて替え歌をつくったり（"The Family Song"など）するのもおもしろい。休み時間に児童だけで自然に口ずさんでいる光景が見られたら，本当にうれしいものだ。表9-3に授業内容と関連づけた歌の例を示した。

　絵本は，音声インプットのみならず，文脈に沿った英語表現に触れる中で児童の好奇心や思考，想像力や創造力も刺激することができる優れた教材の一つである。扱う際は，それぞれの絵本の特徴を生かすことが大切だ。たとえば，文型が揃ったリズムのある絵本は，最初から最後までリズムよく読み通し，読む速さや声の大きさを変えて繰り返し読むと児童も自然に一緒に読むようになる（"Brown Bear, Brown Bear, What Do You See?"など）。絵の一部が隠してある仕掛け絵本などは，ページをめくるごとにクイズを出しながら読み進めていけば，絵本を通して自然なやり取りをすることができる。〔例："Color Surprises" 教師：Can you think of something yellow？　児童：A yellow banana？　教師：No.（絵を見せながら）This is a yellow chick.〕

123

表9-3 歌やチャンツの例

歌の名前	題　材	関連する単元
Hello Song	あいさつ	3年 Unit 1
Rainbow（Songs and Chants by mpi）	色	3年 Unit 4
Five Little Monkeys	動物・数	3年 Unit 3/8
Seven Steps	数	3年 Unit 3
If You Are Happy（幸せなら手をたたこう）	感情の表現	3年 Unit 2
ABC Song	文字	3年 Unit 6
Old MacDonald Had a Farm	動物	3年 Unit 9
Head Shoulders Knees and Toes	体の部位	3年 Unit 9
It's Sunny Today（前掲 by mpi）	天気	4年 Unit 2
Shoes and Socks（Children's Jazz Chants Old and New by Carolyn Graham）	衣類	4年 Unit 2
Today Is Monday（Carle, E. 1997. 歌付き絵本）	曜日・食べ物	4年 Unit 3
Hickory Dickory Dock	時間	4年 Unit 4
The Mulberry Bush	日課	4年 Unit 9
Beautiful Name（By Godaigo）	名前	5年「自己紹介」
Apples, Peaches（Wee Sing and Play）	果物・誕生月	5年「誕生日・ほしい物」
The Family Song（えいごリアン DVD）	家族・職業	5年「あこがれの人」 6年「将来の夢」
その他（日本語でも児童がよく知っている歌）		
Twinkle Twinkle Little Star（「きらきら星」）		
London Bridge Is Falling Down（「ロンドンブリッジ」：実は歌詞はとても長い）		
The Bear Song（「森のくまさん」：動詞の過去形がたくさん出てくる）		
It's A Small World（日本語のタイトルは「小さな世界」「子どもの世界」）		
Do-Re-Mi（「ドレミの歌」：高学年なら映画 "Sound of Music" も紹介）		
Flowers Will Bloom（「花は咲く」英訳 Pulvers, R.：サビだけでもよい）		

※（　）内は出典。明示のないものは出典が様々なものや古典作品。
出典：文部科学省『Let's Try! 1, 2』検定教科書を参考に筆者作成。表9-4・9-5も同様。

　また，絵本を味わった後で，オリジナル絵本づくりなどの自己表現活動に発展させることもできる（例：The Very Hungry Caterpillar → The Very Hungry Me——週末や特別な時に食べた物を絵にして発表する）。絵本を劇にして発表したり，低学年に読み聞かせをするなどの課題を設定すれば，明確な目的意識を

第 9 章 教材と ICT など教具の選択，使用，作成

表 9 - 4 絵本の例

絵本の名前と内容	題材・文型	関連する単元
Brown Bear, Brown Bear, What Do You See ?：様々な色の動物たちが登場。リズムよく読める〔Martin, B. (1996) Henry Holt Books for Young Readers〕	色 動物	3 年 Unit 4/9
Color Surprises：黄色い扉の後ろからヒヨコが出てきて Surprise! 楽しい仕掛け絵本〔Murphy, C. (1997) Little Simon〕	色・虫 動物	3 年 Unit 8
Color Zoo：△□○や様々な色でつくられた動物の顔。これは何の動物？と問いかけて読むのも楽しい〔Ehlert, L. (1997) Harper Festival〕	色・形 動物	3 年 Unit 9
Quick as a Cricket：「コオロギのようにすばしこい僕」主人公が様々な生き物になぞらえて考える〔Wood, A., Wood, D. (1990) Child's Play International〕	生き物・形容 詞・自己表現	3 年 Unit 8
The Very Hungry Caterpillar：おなかがすいた青虫が毎日何を食べたかな？蝶の一生など理科の内容も一緒に扱える〔Carle, E. (1986) Philomel Books〕	曜日 食べ物	4 年 Unit 3
Happy Birthday, Sam：誕生日プレゼントをもらってできることが増えたサム。そのプレゼントとは？〔Hutchins, P. (1978) A Greenwillow Book〕	誕生日	5 年 Unit 2
What Can You Do ?：ヘビやクマ，コウモリなどの生き物ができることを考えてから，私たちは何ができる？と問いかける本〔Nakamoto, M. (2011) Apricot〕	can 動詞	5 年「できること」
Malala / Iqbal：パキスタンのヒーロー，マララとイクバル。子どもが社会を変えるためにできることは何かを問う〔Winter, J. (2015) Rily Publications Ltd.〕	Hero	5 年「あこがれの人」 6 年「将来の夢」

出典：筆者作成。

もって絵本を読むことができる。いずれもしっかりと音声インプットをすることが基盤となる。授業内容と関連づけた絵本の例を表 9 - 4 に示した。

　絵カードは語彙の練習などをする際によく使用される教材だが，音声インプットとして「英語を聞かせる」ためには，カテゴリーだけを伝えて最初の音で何か当てさせてから絵カードを見せる（「今日はフルーツがたくさん出てくるよ。このフルーツは /p/ で始まります。/p//p//p/ What's this ?」→ pineapple, peach の絵カードを出す）という工夫をすることもできる。ICT 機器を使って動画を見せる場合も，最初は画像を出さずに音声だけに集中させて「どんな場面か

な？誰が出てきたかな？」と想像させてから映像を見せると，音声インプット
として効果的だ。

（2）文字認識を促すために（身の回りの物・文字カード・ICT）

　まずは児童の身の回りにある英語表記に注目させたい。商品パッケージ
（例：MILK），看板（例：OPEN），メニュー（例：orange juice），電子機器（例：
PC），衣類のタグ（例：Made in China），誘導標識（例：Exit）など英語で表記さ
れたものは日常生活にあふれている。それらに目を向けさせることをきっかけ
に，まず大文字・小文字の形，各アルファベットには名前があることを認識さ
せる。AからZの一覧表などを使ってもよいが，アルファベットが隠れている
ポスターを使ってポインティングゲームをしたり，体や指を使ってアルファ
ベットの形をつくってみたり，背中に書いたアルファベットを当てっこするな
ど，楽しく親しんでいけるとよい。また，児童が手元で扱える小さいアルファ
ベットカードを使うと，ABC Song を歌いながら正しく並べ替える，Zから
並べる，簡単な単語をつくってみる（c-a-t）など活動にバリエーションをもた
せることができるので，児童が繰り返しアルファベットに触れることができる。
　形と名前が一致できたら，アルファベットの音（音素）の世界へと導く。た
とえば単語の最初の文字の音だけを意識させるチャンツから始め，絵カードを
見せるときなどにも意識させ，慣れてきたら二重子音（ch, th など），二重母音
（oo, ou など）などにも触れるとよいだろう。文部科学省の "Hi, friends! Plus"
は ICT 機器を使用して，文字と名前 → 文字と音という段階的な構成で，児
童とのやり取りを通して文字認識を促すことができる。留意点としては，音と
文字の関係性のルールを先に教えてしまうと例外が多い英語では混乱する児童
がいるかもしれないので，音声で慣れ親しむことを通して児童の語彙量がある
程度増えてからルールを確認していくのがよいだろう。

（3）自己表現を促すために（児童の心にあるもの）

　自己表現とは自分の心の中にあるものの一部を外に表出し，相手と共有する

第9章　教材とICTなど教具の選択，使用，作成

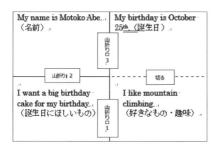 

図9-1　自己紹介ポスター（一部を切り1枚ずつ見せながら発表）
出典：筆者作成。

ために行う活動である。したがって，児童の心の中にあるもの（好きなこと・行ってみたい場所・思い出・将来の夢など）を引き出す工夫や，児童が自己表現したいと感じるクラスづくり（信頼関係がない相手には自己表現はしない）が肝要である。教材としては，"Small talk"で使う実物や，児童が作成したポスター（6年 Unit 1 "This is ME!" 図9-1参照）などがある。児童の実態に合わせて題材を設定し，教師も積極的に自分のことを表現してモデルを示すとよい。

（4）異文化理解を促すために（絵本・ICT）

英語を学ぶことは，児童の視野を世界へと広げていく一つの手段である。様々な文化の相違点や共通点を示しながら，英語も学べる絵本や教材として活用できる資料を表9-5にまとめた。また，ICTを用いれば，異文化をビジュアル資料や動画で示すことができる。たとえば，世界の行事（5年 Unit 2），世界の子どもたちの学校生活や好きなもの（5年 Unit 3），世界遺産（5年 Unit 6），日本紹介（6年 Unit 2），世界で活躍するヒーロー（6年 Unit 3），オリンピック競技（6年 Unit 6）などはプレゼンテーションソフトで写真を提示しクイズなどに活用できる。各スライドを印刷すれば絵カードにもなる。検定教科書の中にも，日本文化紹介や国際理解，他教科関連の内容を動画で閲覧することができるものもあるので，積極的に活用するとよいだろう。

表 9-5　異文化理解を促す絵本や資料の例

絵本や資料の名前と内容	題材・国	関連する単元
Handa's Surprise：Handa が友達の Akeyo に果物をプレゼントしようと出発するが，様々な動物たちが来て…〔Browne, E. (1994) Candlewick Press〕	果物・動物：ケニア	3 年 Unit 7
Four Feet, Two Sandals：難民キャンプで知り合った Lina と Feroza が 1 足のサンダルを共有する〔Williams, L. K., Mohammed, K. (2007) Eerdmans Books〕	衣類：アフガニスタン	4 年 Unit 2
Possum Magic：Possum＝ふくろネズミが「魔法を解く食べ物」を探してオーストラリアを旅する〔Fox, M. (1991) HMH Books for Young readers〕	食べ物：オーストラリア	5 年 Unit 8
写真でみる世界の子どもたちの暮らし——世界31ヵ国の教室から：様々な国の子どもたちの等身大の生活がわかる〔Smith, P., Shalev, Z. 赤尾秀子訳 (2008) あすなろ書房，原著は A school like mine : A unique celebration of schools around the world〕	学校生活：様々な国	4 年 Unit 3 5 年「教科・習い事」
The Cow That Went Oink：2 つの言葉を話せるって素敵！と思わせるブタとウシの物語〔Most, B. (1990) Voyager Books〕	言葉・動物・過去形	6 年「夏休みの思い出」
Children Just Like Me : Celebrations !：世界の色々な行事が子どもたちの視点で描かれている〔Kindersley, A., Kindersley, B. (1997) DK Children〕	月の名前・世界の行事	5 年「世界の行事」
その他 **The Peace Book　"Peace is making new friends."**：日常生活の中にある様々な「平和」について考える〔Parr, T. (2004) Hachette Book Group〕		

出典：筆者作成。

（5）その他（他教科の資料や独自教材）

　高学年の知的好奇心を刺激しながら学習意欲を高めるためには，社会の地図帳や偉人伝，理科の生物の成長を追った写真なども活用できる。ALT が教えてくれるその国の料理などを取り上げれば家庭科と関連づけることもできるだろう。また，学校や地域案内のための英語ポスターやパンフレットづくり，学校の先生クイズ大会などは，教師の創意工夫で目の前の児童に合った教材を生み出す一例である。児童をよく理解している担任の強みを最大限に生かした教材づくりが求められる。

第9章　教材とICTなど教具の選択，使用，作成

　本章では，小学校英語の指導に用いる教材教具について検討した。それぞれの教材の良さを最大限に生かし，児童の実態を踏まえて，授業の目的に沿った教材を作成することが肝要である。既製の教材を効果的に活用すると同時に，日頃から様々な素材に目を向け，教材として活用できる可能性を探る姿勢も大切である。

引用・参考文献
文部科学省（2017a）『小学校学習指導要領』。
文部科学省（2017d）『Let's Try! 1, 2』。

**　学習の課題　**

(1)　外国語活動の授業を想定し，表9-1を参考に対象学年と目的を決めて，グループで1つの教材を作成し，発表しよう。発表の後で，よかった点と改善すべき点をクラス全体で話し合おう。

(2)　同様に外国語科の授業を想定し，対象学年と表9-1を参考に目的を決めて，グループで1つの教材を作成し，発表しよう。発表の後で，話し合おう。
　※ (1), (2)の課題に取り組む際は，表9-2のチェックシートを活用しよう。

(3)　表9-3〜9-5にある教材から1つ選び，対象を変え2つ以上の活動を考えて，発表しよう。

【さらに学びたい人のための図書】
Ellis, G., Brewster, J. (1991) The Storytelling Handbook For Primary Teachers. ELT.
　　⇨絵本の読み聞かせの意義が丁寧に解説してあり，実際の絵本を使った指導例が掲載されている（邦訳：松家洋子監訳（2008）『先生，英語のお話を聞かせて！──小学校英語「読み聞かせ」ガイドブック』玉川大学出版部）。
樋口忠彦・泉惠美子・加賀田哲也（2019）『小学校英語内容論入門』研究社。
　　⇨終章「教材研究と教材開発の工夫」では，特に「主体的・対話的で深い学び（アクティブ・ラーニング）」の視点から教材を活用する具体例が掲載されている。

（阿部始子）

第10章	ティーチャートーク

この章で学ぶこと

　この章では，具体例を参考にしながら，教師が英語で話す意義と方法について，教師がどのような英語を用いて実際の授業を進めていくのかを示す。一般的な公立小学校で担任教師が英語授業を進めるときに，クラスルーム・イングリッシュと呼ばれる指示英語を使うだけでなく，子どもが興味関心をもって英語を聞く場面をより多くつくり出すことが，子どもの「英語をわかろうとする姿勢」や「聴き続けられる態度」の育成につながることを理解し，そのノウハウを知る。また，ALTとのティームティーチング授業を成功させるための授業内外の役割分担や，やり取りの方法について学ぶ。

1　教師が英語で話す意義と方法

（1）先生からのインプットの大切さ

　日本の児童が将来的に英語をツールとして人とやり取りをする実際の状況を考えたとき，当然母語が異なる人同士でやり取りをするわけで，文化的背景の違いや，聞きなれない英語であるなどの様々な要因から，話される英語を一言一句100％理解することが難しいのは容易に想定される。そんな時，わからないことがあっても，理解できる言葉をつないで相手の言わんとすることを推測したり，聞き返したり，確認をしたり，自分ができうる方法を駆使して，何とか聞いてわかろうとする態度を育みたい。つまり，聞いてもわからないからといって，耳にシャッターを下ろすかの如く，聞くことを放棄してしまうのではなく，聴き続けられる姿勢を育てたいものである。このようなニーズをイメージして英語授業を考えると，英語を聞く時間自体が少ない児童にとって，教師

130

の話す英語＝インプットは何物にも代え難い大切なものとなる。

　英語の授業では，4技能（聞くこと，読むこと，話すこと，書くこと）すべてを扱うわけだが，どれもが同じペースでバランスよく伸びていくわけではない。でこぼこした状態で伸びていくことを前提として「聞いてわかること」をどれだけ増やしてやれるかが，小学校で英語に触れさせる大きな意義の一つであり，中学校以降の英語の学びを変えていくきっかけになるといえよう。本章では，児童の興味をひくようなトピックやお話の力を借りながら，教師自身が英語インプットの提供元となれるよう，「授業を英語で進める」ための方法を考えていく。

（2）行動の指示のための英語（クラスルーム・イングリッシュ）

　"Sit down, please.", "Can you find a ○○○ in the picture?" などの授業中の指示を英語で出すための指示英語（クラスルーム・イングリッシュとも呼ばれる）は，教師が身振り手振りを加えて用いると理解されやすい。そして，他教科の授業でも児童は同様の指示を聞いて行動しているため，状況や文脈から推測できる部分が多い点を念頭に置きつつ，英語で授業を進めるために使えるとよい。授業の中で想定される場面に応じたフレーズは，文部科学省小学校外国語活動・外国語研修ガイドブックに数多くあげられているので参考にされたい。英語授業の特徴的なものとしては，日本語の文脈で行う授業に比べると，児童にかける褒め言葉や励ましの言葉が多様なことがあげられる。わからないことが多い英語だからこそ，児童の頑張りを認め，励ます声かけは，意識的に行うようにしたいものである。

　小学校の英語授業においては，体験的に英語に触れさせていく中でコミュニケーション力の素地を育てていく。そのためには，教師の話す英語に児童の耳を傾けさせることが最初の一歩となる。英語を聞く必然性を生み出す工夫や，児童が思わず聞きたくなるような仕掛けを考えていくうえで，教師がもっておきたい視点を次に述べる。

2　活動場面ごとのティーチャートークの特徴

（1）先生のスモールトークで使う英語

　教師自身のエピソードなどを交えて話すことで，児童の興味関心をひきつける手法は，小学校の様々な場面でよく用いられる。日々の朝の会や長期休み明けの学活などで，担任教師が学級の児童を前に自分自身に起こったエピソードなどを聞かせる場面をイメージしてほしい。授業以外で起こった本当の出来事というのは，児童にとって興味深く，聞きたくなるものである。これを英語でもやってみようというのがスモールトークである。（文部科学省『小学校外国語活動・外国語研修ガイドブック』等に掲載されている教師のスモールトークは，第2項で述べる活動の導入部分を指している。本章で述べるスモールトークは，導入場面に限らずいつでも使えるという意味で捉え方がより広義である点が文部科学省のスモールトークとは異なる。）児童の発達段階に合わせたテーマの選び方や視覚補助の使い方，教師の話す英語には調整や準備が必要だが，「わかりたい！」と思わせる格好の材料となる。

　先に筆者の失敗例をあげる。"Mary さんや Bob くんの好きな物" というテーマで架空の人物を教材に授業を行った。つくり話であるゆえに手軽で準備も楽だったが，「結局，Mary って誰？」と，子どもから率直なつぶやきが聞こえた。このことから，児童が釈然としない，結局何のことだったのかすっきりとわからなかったという思いをもったことを知って猛反省した。

　逆に，"家の周りに何がある？" というテーマで，ネイティヴ・スピーカー教員とのやり取りを聞かせた際，先生の実家の周りには田んぼと畑しかなく，コンビニエンスストアも信号も，車で15分ほど走らないと見かけない，など現実の様子を交えて話をすると，京都市内に住む児童にとっては驚きだったらしく，とても熱心に聞いてくれた。

　小学校の英語授業では，高い認知レベルが求められる抽象的な事象よりも，児童の身近な生活周辺の物事を扱うことが多い。そのため，現実味のある情報

であればあるほど，触れる英語も児童にとって身近なものになる。まずは児童にとって話そうとするメッセージやトピックが興味深いかどうかという視点で内容を考えるとよい。そのうえで，児童に理解可能な英語を選んでいくという流れで準備をすると，メッセージが最優先されたトークとなり，話す教師自身の焦点がぼやけず，必然性をもって話すことができる。また，スモールトークでは概要を

図10-1 「先生の家の周りに何がある」がテーマの教材例
出典：筆者作成。

つかませることを目的とし，教師が話したエピソードについてクイズを行ったりすることで，「わかった！」ことを確認できる場面があるとなおよい。

　何年生であっても，目の前にいる教師の色々なエピソードを聞けるとなると，聞く側の集中力は増す。子どもの関心のありかに焦点をあてた，教師自身のメッセージを授業で聞かせるには，日常生活でのネタ探しが欠かせない。

　次頁に「週末の出来事」をトピックにしたスモールトークの一例をあげる。ここでは，教師が家族とキャンプに行ったことを話している。川で泳いだのかと思いきや，水が冷たくて泳げなかったり，虫が苦手な教師に息子は捕まえてきた大量のカエルを見せたりしたことなど，実際の情報を含んでいる。このスモールトークの後でも「わかった！」ことを確認している。

　短いエピソードの中からでも，児童には様々なことをたずねることができる。日本語の返答であっても，聞いて理解していることを褒めてやり，必要に応じて英語の言い方を確認するとよい。また，聞いて理解することやわからないところがあっても推測しようとする力を育むことが目的であるため，まずは必ず英語を聞かせることに集中する。「○○のことかな？」などと言ったつぶやきには，"That's right." と返答したり，それらを確認するように写真などの視覚補助を見せるとよい。英語を聞いていてもさっぱりわからないといった反応が返ってくれば，そもそものスモールトークの内容自体やその英語が児童の理

133

JT : How was your weekend?
　　　Was it good? So-so? Busy? Tired? Fun?
　　　（児童が知っている形容詞でたくさんたずねる） TS-1 ※

Ss : （それぞれが当てはまる言葉のときに手をあげる，または言う）

JT : My weekend was really fun. I went camping with my family.
　　　We went to Shiga. There is a river and people can swim there, but it's September and
　　　the water was very cold, so we didn't swim this time.
　　　（ここまで話してから，川の写真を見せる）
　　　See, only a few people were in the river.
　　　My son loves catching bugs, so he brought a net and a basket for the bugs.
　　　There were grasshoppers, crickets, and even frogs!
　　　（虫かごの写真を見せ，バッタ，コオロギ，カエルを指差しながら英語の名称を再確認する）
　　　I don't like frogs very much but he found 5 frogs!
　　　That was a bit scary for me…

JT : Let's have some memory quiz! I went camping over the weekend.

　　　No. 1　Where did I go camping?
　　　No. 2　Did I swim in the river? Why?
　　　No. 3　What did my son get in his basket?

※ティーチャートークの調整例を示す記号である。詳しくは138頁 表10-1を参照されたい。

やり取りの例1　スモールトーク「先生のある週末の出来事」

解力を大幅に超えたものであり，改良が必要という児童からのサインだと受け止め，次への教訓とする。

（2）活動の導入場面

　導入場面は，その後の活動の流れを左右するといっても過言ではないほど重要である。用いる言語材料やテーマはもちろんのこと，導入でどれだけ児童をひきつけられるかは教師の仕掛けにかかっており，最も工夫を凝らし，大切にしたい場面である。「～をやってみましょう」と活動をスタートするのはあまりにもったいない。

　ここでは，「My Yummy Curry」をテーマに，お気に入りのカレー具材を発表する，という活動を例にあげる。カレーがテーマなので，図10-2のような写真を1つずつ見せながら，国名や食べたことがあるかなどをたずねたり，

134

第10章　ティーチャートーク

ALT (Assistant Language Teacher) とのティームティーティング (TT) 授業であれば，母国で食べられているカレーについて ALT に話してもらうのもよい。ちなみに，この活動を実施した時期は国際交流のイベントを行った直後で，国名の復習，実際に出会ったゲストから見聞きした情報と重なる部分もあり，スライ

図10-2　カレーがテーマのスライド例
出典：筆者作成。

ド1枚でも，児童にとっては「言いたい！」が詰まった場面となった。そのうえで，家のカレーにはどんな具材が入っているかをたずねたり，ご飯で食べる

JT : Do you like curry?
　　 Yes? No? (手をあげるジェスチャーを加える) TS-1 ※
　　 Curry and rice is one of the popular menus of school lunch, right? Curry is also popular all over the world. In which country do people eat curry?

Ss : (知っている国の名前を言う)

JT : (児童が日本語で言う国名は英語に直して聞かせる) TS-4

JT : How about in your country? Do you eat curry?

NT : Yes, we do. We eat lots of Indian curry, but I never had Thai curry before coming to Japan.

JT : Oh really? No Thai Curry in America? So, What's your favorite? TT-1

NT : I love Japanese curry. Curry with rice was also new for me!
　　 How about you, Yuka-sensei? What's your favorite curry?

JT : I like sea food curry the best. It's really delicious.

NT : What? With seafood?! Is it yummy?
　　 Do you like it too, everyone?

Ss : (好き嫌いについて話す)

JT : Oh no… you don't like sea food curry? TS-5
　　 It's so yummy… So, what do you put in your curry at home?
　　 What vegetable, meat, or other ingredients?
　　 (次のスライドを見せて，この活動で用いる食材の名称を確認していく。)

※ティーチャートークの調整例を示す記号である。詳しくは138頁　表10-1, 142頁　表10-3を参照されたい。

やり取りの例2　導入場面「My Yummy Curry」

か，ナンで食べるか，もしくはスープでなどの好みをたずねたり，教師自身のつくるカレーには醤油を隠し味で入れている，など実際の情報を交えながら，ここで扱う言語材料を紹介していく。次ページでは，このテーマで実際にある私立小学校で行った2年生の授業での導入場面の例を示す。このやり取りの中では，教師が選んだ語彙以外を言う児童は必ずいる。児童の発言に対しては，"Yes, that's right.", "I like it, too.", "Oh, that's interesting!" など受け入れるリアクションを返しながら英語でやり取りを加えていくとよい。

　導入の場面でも，教師自身の実際の情報が多く含まれるやり取りがあると，児童も"自分事"として考えるきっかけとなる。

（3）活動のデモンストレーション

　「その会話，やりたい！」と感じさせることができるか，活動のデモンストレーションの目的はこれに尽きるのではないだろうか。あたり前のようで，その実践はとても難しいのだが，まずは自分がやれと言われたとき，違和感なくできる内容かどうか考えてみるとよい。あとは楽しい手本を見せられるよう，やり取りを考えていく。引き続き，第2項の「My Yummy Curry」を例に，デモンストレーションの方法を考えてみる。ワークシート（図10-3）にある語彙の確認が終わったところで，児童がカレーに入れる食材について色々とコメントを始めていればしめたものである。そういったざわめきは，コンテンツへの興味を示すものとしてのバロメーターとなる。

そして，その興味関心から集中力を途切れさせず，実際の活動へと結びつけるデモンストレーションが重要である。

　このやり取りの中では，教師がわざと間違えたり，教師間で確認をし合うなど，児童に理解させたい部分を大げさなくらいのやり取りで聞かせている。TTの場合，日本人教師が児童役になり，ありが

図10-3 「My Yummy Curry」のワークシート

出典：筆者作成。

第10章　ティーチャートーク

JT： Wow, there are so many toppings for curry. Everything looks good.

NT： So, Yuka-sensei, what are your favorite toppings here? TT-2 ※

JT： Well…hard to choose, but I like seafood curry, so I'll have octopus, and squid and shrimp and maybe some vegetables, corn and carrot and…
（わざと間違い，フォーカスポイントを児童に示す） TT-4

NT： Wait, wait, Yuka-sensei！ You can choose only 3 ingredients today.
（JTの間違いを正し，児童にルールを理解させる）

JT： Oh really？ OK, let me try again.

NT： Please think of your best curry！ You say, "My curry has…" OK？

JT： OK！ So…My curry has shrimp and squid and carrot.
（自信たっぷりにわざと間違い，児童に発話させたい英語表現に着目させる） TT-4

NT： Wait, wait, Yuka-sensei！

JT： What？ I said 3 ingredients this time.

NT： You have to say "My curry has A, B and C."
（JTの間違いを正し，児童に発話させたい表現を提示する）

JT： Oh, "A and B and C." is not right？ OK！ Now I can do it！
（理解させたいポイントを大げさなくらいの言い方で言い，教師のやり取りで児童の理解を促すために確認をする） TT-1
My curry has shrimp, squid and carrot.

NT： That's good！

JT： Thank you.
How about you, everyone？ What's in your curry？
Can you think of 3 ingredients in 10 seconds？ Ready？ 10, 9, 8, 7…
（選ぶ時間を制限することで緊張感をもたせ，さっと選ばせる）
OK？ Did you choose 3 ingredients, yes？（選べたか確認する） TS-2
First, please draw circles on your favorite 3 ingredients on the paper.
OK？（プリントに○をつけ終わっているか確認したうえで） TS-2
Now, let's practice how to say the sentence.
My curry has A, B and C. Can you try？ 1, 2！

ALL： My curry has A, B and C.
（児童と一緒にJTも練習し，何をするべきかを確認する）

NT： Good job, everyone.
Now, can we try this presentation with 3 friends？

※ティーチャートークの調整例を示す記号である。詳しくは138頁 表10-1，142頁 表10-3 を参照されたい。

やり取りの例3　デモンストレーション場面「**My Yummy Curry**」

表 10-1 教師—児童間で見られるティーチャートークの調整例と場面

ティーチャートークの調整例		場　面
教師—児童の間のやり取り	質問した後に選択肢を与える TS-1	児童からすぐに反応が得られないとき，選択肢を提示し，その中から選ばせることで発話を促す
	児童が教師の発話を理解しているか確認する TS-2	児童の反応を見ながら，"OK?"，"Is this right?" など，教師の言ったことを理解しているか，その都度確認する
	教師が児童の発話を理解しているか確認する TS-3	"You mean ○○?"，"You said ○○, right?" など，児童の発話を教師が正しく理解しているか確認する
	児童の発話に対する教師の言い換え TS-4	児童の日本語の発話を英語に言い換えたり，発音を丁寧に言い直したりして聞かせる
	児童の発話に対する教師の繰り返し TS-5	児童の発話を他の児童にもわかるように繰り返したり，発言した児童に教師自身が発話を理解したことを伝える

出典：筆者作成。

ちな間違いを先に提示したりして，注意すべき点を把握させる手法を使うことで，日本語に切り替えずに活動の指示も英語で行うことが可能になる。

　また，このような活動を行う際，何分以内に，何人と，○○な人を探す，などプラスアルファのタスクをつけ加え，ただインタビューするだけではないその先の目標を明示すると，活動への意欲も高まる。ねらうのは，使いたい言葉を選び自分の言葉として相手に伝えることである。教師自身が自分の言葉を選び，伝える姿を見せ，児童との意味あるやり取りを通して，「英語を使う」という体験を繰り返し経験させたい。それは，外国の人々と「通じ合うための英語」を味わわせることにつながるはずである。

（4）ティーチャートークをわかりやすくする工夫

　第1～3項では，教師が授業で英語を話すときの具体例を示した。これらはティーチャートークと呼ばれ，「学習者に話しかける際，話し方を相手に合わせるための調整を伴った教師の発話」（白畑他，2009，303頁）を指す。英語をほとんど知らない学習者に対して，英語をたくさん使って授業を進めようとするとき，教師の発話には様々な工夫が求められ，小学校の英語授業の様々な場面で活用されるべきものである。表10-1は，ティーチャートークの調整例をま

とめたものである。

　これらの実例は，前述の各項であげたやり取りの例の中で，$\boxed{\text{TS-1}}$ のような記号で示したので参考にしてほしい。このような発話の調整は，英語で授業を進める際，児童とのやり取りの中で，理解が取りつけられなかった場面で用いることが多い。実際の授業では，日本語でさっと説明して，活動の進行を優先させる場面も多くあるかもしれない。しかし，実際に英語をコミュニケーションツールとしてやり取りする際には，「わからない場面」に数多く出会うはずである。児童が，外国の人と英語で話す場面に遭遇したとき，たとえわからないことがあったとしても，自分の言葉で考えてなんとか通じ合おうと努力した教室での経験が必ず生きてくる。わからないからそこで会話をやめてしまうのではなく，一歩前に出る，通じ合うことが楽しいと感じられる，そんな児童を育てられるよう，授業中の英語でのやり取りを大切にしたい。

　英語を話すことに加えて，児童の理解を助けるために有効な手段として，画像の使用がある。ここでいう画像の使用は，画像を見せて "What's this?" とそのものについてたずねたりする場面のことではない。児童に英語を聞かせている中で，理解を補助する目的で見せる画像を指す。たとえば，教師の好きなスポーツを当てさせるとき，"Can you guess what sport I like?" とたずね，即座に答えとなる写真を見せるのではなく，そのスポーツに関するヒントを英語でたっぷり聞かせ，やり取りをした後に理解確認のために見せるといった場面を指す。

　これから教師になる人にとって，人前で英語を話した経験というのは，高校の英語授業でのプレゼンテーション活動など，ある程度準備をした上でのことが多いかもしれない。英語で授業をするとなると，その場の状況に応じて話さねばならず，他教科とは違って構えてしまう面もあるかもしれないが，ティーチャートークがうまくなるコツとして抑えておきたいポイントをまとめておく。

- ALT の言うことを日本語に訳して言わない，繰り返すだけにならない
- 活動のやり方は，説明ではなくデモンストレーションで見せる
- 視覚補助は教師の話す英語の理解を助けるもの。英語を聞かせてから見せる

英語で話す際，視覚教材の有無で話せる内容の量はぐんと変わる。指でさしたり，一部を隠したり，チラッと見せたりするなど，1枚の画像でも工夫次第で活動の幅は広がる。自分のそばに必ず視覚教材や具体物を準備することも大きなポイントになる。スライドソフトなどのアニメーション機能を用いて，話す英語に合わせて，画像を見せたりするスキルも身につけられると，より効果的なティーチャートークで児童に英語を聞かせることができる。

3 ティームティーチング

（1）ティームティーチングだからこそできること

　英語の授業では，ALT と呼ばれる英語を話す教員とともにティームティーチング（TT）を行うことがある。2人の教師がいることのメリットとは何か。学級を2グループに分けて授業を行うことも可能であるが，最大のメリットは英語コミュニケーションの幅を広げられることだと筆者は考える。つまり，教師と児童の間ではできないやり取りが，教師が2人いることで可能になるわけである。その利点を最大限に生かすために，英語でのやり取りの方向性を考えてみよう。

　図10-4は，教師2人が児童の前に立ち，双方向のやり取りを聞かせる場合である。1人で授業をしているとどうしても説明や解説を日本語でせざるを得ないことがあるが，TT で教えると教師間の英語でのやり取りを聞かせることで，理解を得られる場面が増える。新しい語彙や表現の導入場面や児童にさせたいコミュニケーション活動のデモンストレーションなどがそれにあたる。

　図10-5は，教師2人と児童の三方向のやり取りをする場合である。スモールトークなどで教員間のやり取りに児童を巻き込むことができる。第2節の例のように，世界のカレーについてまずは教員間で話を始め，児童の発言も歓迎し，あたかも英語でのコミュニケーションに参加しているような状況を生み出す。教師が2人いることで可能になる英語での自然なやり取りを経験させることができる。

一方，図10−6では少し状況が異なる。せっかく2人教師がいても，教師間ではやり取りがなく，ネイティブ教師が話したことを日本人教師が日本語に訳して伝える，といった場合である。やり取りを聞かせるのではなく，日本人教師が通訳者になってしまっては，英語を聞かせる意味がなくなってしまうだけでなく，児童は日本語訳を期待するようになってしまう。曖昧さに耐え，聴き続けられる姿勢が育たない。

日本人教師も英語を話せるに越したことはないが，児童の代表ともいえる立ち位置で，児童の代弁者となって英語をともに学んでいるかのような姿勢を児童に見せることで，TT という指導スタイルをうまく活用できるとよい。そのための具体的な役割を次の項で詳しく見ていこう。

（2）日本人/ALT 教師それぞれの役割

2人の教師で授業を進めるとき，他教科の TT では T1・T2 といった呼び方で，主になって進める教師と補助的な役割を担う教師といった役割分担が設定されることが多いだろう。英語の TT では，次の表10−2に示すような役割分担でそれぞれの特性を生かした効果的な指導を目指したい。

日本人教師は，ネイティブ教師と児童の間に位置し，橋渡し役を担うわけだが，表10−2にあるように，大きな役割としては児童の様子を見て，わからな

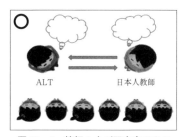

図10−4　教師2人が双方向のやり取りで聞かせる場合

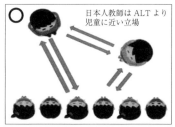

図10−5　教師2人と児童が三角の双方向のやり取りをする場合

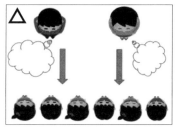

図10−6　やり取りがなく日本人教師が日本語に訳して伝える場合

出典：図10−4，10−5，10−6ともに筆者作成。

表10-2　日本人教師・ネイティブ教師のそれぞれの役割

日本人教師の役割	ネイティブ教師の役割
• "What is HUNGRY?", "How do you say 'まぁまぁ' in English?" など児童がわからなさそうなことを，児童に代わって質問する • ネイティブ教師の通訳者になるのではなく，児童が知っていそうな英語に言い換えたり，ジェスチャーや例えなどを用いて，わかりやすくする	• 英語をわかっている者として，正しい表現の仕方や意味を教える • 正しい発音，表現を見本となって見せ，反復練習をリードする • 児童が英語を使ってコミュニケーションする必然性をつくる • 児童とは文化的背景の異なる自身の経験を共有することで，児童の多文化理解の機会をつくる
共通の役割	
• 児童の理解を助けるために，一方が説明するのではなく，教師間での英語のやり取りを聞かせる • 児童にさせたい活動は，2人でデモンストレーションをやってみせて，児童の理解につなげる	

出典：筆者作成。

表10-3　教師─教師間で見られるティーチャートークの調整例と場面

	ティーチャートークの調整例	場　面
教師─教師の間のやり取り	児童の理解を深めるためにもう1人の教師にたずねる TT-1	児童が語彙の意味などわからないことがありそうなとき，教師が児童の役になって，質問を投げかける
	もう1人の教師に提案する TT-2	活動の転換場面などで，"How about 〜?" と教師同士で話し，次に期待される行動や発話の示唆を行う
	より詳しい説明を依頼する TT-3	児童の立場に立ち，1人の教師の説明の理解が十分でないと察したとき，もう1人の教師からより多くのインプットを与えてもらうよう依頼する
	児童の理解を促すためにわざと間違って答える TT-4	明らかに間違っていることを言い，もう1人の教師に素早く訂正してもらい，児童を教師間の会話に巻き込み，発話を促す

出典：筆者作成。

いことなどを代弁者となってたずねることで日本語を介さずに理解を助けることがあげられる。児童に英語でのコミュニケーションを体験させるための仲介役といった立ち位置で，授業を進められるとよい。

　教師の発話をわかりやすくする工夫として，第2節 第4項で教師─児童間のティーチャートークの調整例をあげたが，ここでは，教師2人の間でやり取りを聞かせるときの調整例をあげる（実例はやり取り例2・3に記号で示している）。

第10章　ティーチャートーク

（3）TT を成功させるための秘訣

　第1, 2項では, TT をいかに授業で機能させるか, また2人の教師の異なる役割について述べた。では, これらを実現させるためには何が必要か。よりよい TT のために心がけておきたいことを考えてみよう。

　今後, ALT が増員され常駐する学校が増えることも想定されるが, 現段階ではまだ少ない。日本人教師は, 日々の生活を児童とともに過ごしている強みを生かし, 児童の興味関心のありかに沿ったスモールトークを考えたり, 学校行事や出来事, 他教科での学びを生かしたテーマ設定をしたりするなど, 児童の日常と英語を結びつける工夫ができる。また, 児童の日常を知らない ALT 教師にだからこそ, 伝える必然性のあるやり取りができるという視点から, トピックの扱い方を考えるとよい。

　このような豊かなやり取りを授業でつくり出していくために最も大切なことは, 教師同士の事前準備である。通常, 1人で授業内容を考え, 授業の進行も1人で行う場合は, 自分の段取りで臨機応変に変更することが可能であるが, 2人で行う場合はそうはいかないことが増える。その授業で児童に到達させたい目標を共有し, 方向性を明確にするため, 事前の打ち合わせはどうしても必要不可欠である。どういった内容を扱って英語でやり取りをするか, といった細かい部分についても, 事前に双方が授業の流れを把握しておくことで, 児童に触れさせることのできる英語の質と量は変わってくる。

　本章冒頭の繰り返しになるが, 英語を聞く時間自体が少ない児童にとって, 教師の話す英語＝インプットは何物にも代え難い大切なものである。教師は, 英語と出会う最初の場所が, 小学校の授業という児童が数多くいることを頭の片隅に置きながら, 英語コミュニケーションへの最初の扉を開くきっかけを与えるパートナー同士として, TT における役割をそれぞれが自覚することと, 互いに役割を理解することを前提として, 授業を考えていけるとよい。

　学校現場では, 授業準備のための時間捻出が最も難しい仕事かもしれないが, たとえ10分間であっても, 事前の共有が授業の質を左右することを, 将来現場に出たときにも忘れずにいてほしい。

143

引用・参考文献

白畑知彦・冨田祐一・村野井仁・若林茂則（2009）『英語教育用語辞典』大修館書店。
文部科学省（2017）『小学校外国語活動・外国語研修ガイドブック』。

―――（学習の課題）―――

(1) 自身の週末の出来事について，写真等の視覚補助も使い，3分間程度のスモールトークを考えなさい。

(2) (1)についてロールプレイをやってみましょう。視覚補助の使い方，児童とのやり取り，確認クイズも含めて上演し，グループ間でフィードバックしなさい。

(3) 英語授業やビデオを見て，自分が好ましいと思うやり取りの場面を書き起こし，ティーチャートークの機能を含めて何がなぜよいのか分析しなさい。

【さらに学びたい人のための図書】

湯川笑子（2017）「小学校英語授業における英語使用と日本語使用——いつ，何のために，どのように使うのか」『日本児童英語教育学会（JASTEC）研究紀要』第36号，149〜164頁。

　⇨英語授業における英語と日本語使用についての活用場面を学ぶことができる。

（三ツ木由佳）

第11章	1時間の授業の組み立てと指導案作成

この章で学ぶこと

第2言語習得の認知プロセスに基づいた授業設計のあり方を学ぶ。とくに，十分なインプットとそのインプットに気づく過程を理解し，気づきを伴うインプットの与え方を知る。また，そのインプットを理解するプロセスを知り，かつそのための具体的な活動を知る。さらに，理解した表現や語彙を使った練習活動の大切さを知り，身近なことを英語で表現させる授業における工夫を知る。外国語学習に必要不可欠な「繰り返し学習」および「動機づけを高める学習」を取り入れた1時間の授業の構成および流れを理解する。また，実際の指導案作成の役割を知り，指導案作成上の留意点を学び，英語授業1時間分の指導案の具体例からその形式や構成を学ぶ。

1 外国語の授業構成

（1）外国語指導の基本

外国語を教える際に，指導者が常に意識することは，日頃使わない言葉を教えるということである。日常使っている日本語のように，外国語は自然には使えるようにはならない。だからこそ意図的にかつ計画的に指導していく必要がある。その基本に考えるのが，第2言語習得の認知プロセスである。

第2言語習得の認知プロセスとは，インプット，そのインプットへの気づき，その理解，そのインプットの内在化，今まで内在化されている言語情報《言語材料等》とその新しいインプットの統合《結合》，アウトプットという流れを経て，母語以外の言葉を習得していくプロセスである。この認知プロセスの流れを意識した指導を必ず行わないと，効果的な外国語の習得を期待することはできない。そこで以下，この認知プロセスを基本にした指導のあり方を考える。

145

① 音声インプット重視と気づき（Input と Notice）

　インプットには，音声と文字の2つのインプットがあるが，初期の学習者には，音声インプットを優先させる必要がある。文字インプットの場合は，学習者は文字を見て，それを音声化し，さらにその意味をも理解する過程が含まれるので，音声インプットよりも学習の負荷がかかる。音声の場合は，その音声と意味を結びつける。ただし，ここで与える音声に学習者が気づくという過程が大切である。言い換えると，気づくことのできるインプット（noticed input）を保障しなければ，単なる雑音でしかない。それでは，理解に進まないのである。

　文字インプットの場合は，しっかりとその文字を見て，音声化ができ，かつ意味が理解できるようになるまで訓練する必要がある。つまり，文字インプットの場合でも，まずはその文字を読めて（音声化でき），意味と結びつける必要が不可欠なので，十分に音声を伴ったインプットを与えるべきである。

② 理解活動の大切さ（Comprehension）

　聞いたり，読んだりしたことの内容を理解することはもちろん，新しく提示された言語材料の機能，使用場面・状況とその言語形式と意味を結びつけることが理解活動である。この段階で，学習者はインプットされた文章や文を，意味，言語形式，その機能，および音声情報について，認識し内在化する準備を行うのである。その際に，教師が学習者に文法や文構造を簡潔に日本語で説明をしたり，内容について日本語で質疑応答することは，理解を確実なものにするために必要な活動である。必ずしも英語ですべてを行う必要はない。

③ 練習活動による内在化（Intake）

　日本では，通常英語を日常社会で使わない環境にいるので，英語を使う場はほぼ教室内に限られる。しかも音声を正しく認識，再生できるためには，正しいモデルとなる音声が十分に提示される必要があり，それも教室内が主となる。つまり，音声を伴った言葉を使うアウトプット活動を行うことを通じて，言語の内在化が促進されるのである。聴力に異常があり発音や発話ができないというような特殊な場合を除き，音声化が十分できない状態で，黙って文字を書くだけでは，内在化は起こりにくい。もちろん，音声が十分に認知され，学習者

が文字を見てその音声が再生できるようになれば，文字を書くという練習も効果を発揮する。内在化の練習では，まずは音声を伴った口頭での練習を行うことが必要不可欠である。

④ アウトプット活動（Output）

　本来，アウトプットとは，学習者が言いたいことや述べたいことを自由に表現できることを指すのであるが，「話す」「書く」という言語活動を行うことで，その言語（特定の表現）の内在化を促進できる。通常，学校で行うアウトプット活動（言語活動）は，このレベルを指す。このレベルのアウトプット活動が言語の内在化および自動化を促進するとても大切な活動である。

⑤ 繰り返し活動（復習活動）

　学習した内容は当然ながら使わなければ，時間とともに忘れていく。1週間経てば，学習した内容の約80％は忘れる（「エビングハウスの忘却曲線」辰野，2006）。以前習ったことを適切な場面や状況で使う言語活動を復習として繰り返し行わせることは，前述した内在化および自動化にとってはとても大切な活動である。

（2）外国語授業設計

　前項で述べた第2言語習得の認知プロセスに基づき，授業を設計する必要がある。つまり，Input → Noticing → Comprehension → Intake → Output の流れを基本とする授業を設計するのであるが，その際，次の3つの事項を考慮する必要がある。

① Backward Design に基づく授業設計

　本章では1時間の授業の組み立てに焦点を当てているが，授業設計では，最低1年間あるいは4年間（小3〜6年）を見通して，児童にどんな力を身につけさせるのかを常に指導者は考えるべきである。小学校では，「聞く」「読む」「話す」（発表）「話す」（やり取り）「書く」の5領域のそれぞれにおいて，何をどこまでできるようにさせるのかという CAN-DO List を作成する必要がある。それをもとにして，この1年間，あるいはこの学期では，どこまで何をどれだ

けできるようにさせるのかという計画を立てなければならない。さらには，各単元は，その計画の中でどこに位置しているのか，あるいは他の単元とどう関連しているのかなどを常に考えて，年間指導計画，各単元計画から各時間の授業計画を設計すべきである。これが，Backward Design に基づく授業設計である。常に，どんな能力を身につけさせるのかを意識した授業設計が必要である。

② 既習事項との関連性

　1時間の授業で，特定の新出の語彙や表現を教え，それだけを使う練習を児童に行わせる授業をよく参観するが，それはあまり効果的ではない。外国語学習では，内在化したと思っていても忘れている言語材料等はかなりあるからである。また，言語使用場面を考えても特定の表現や語彙だけでこと足りることはほとんどない。1時間の授業の中で，今まで習った言語材料の活用および関連づけを行いながら，その時間の新出言語材料を扱うことを考慮すべきである。

③ 外国語習得の特性

　さらに，前述したように，言語使用場面が教室内だけの児童も多い。また，使わなければ，自動化は起こらない。1時間の授業設計において，このことを意識して，復習活動と新出事項とを関連づけるような言語活動を意図的・計画的に，かつ繰り返し取り入れることも考慮すべきである。

（3）1時間の授業の流れ

　実際に小学校で授業を行う際には，主に次の5つの要素を中心に1時間（45分授業）の流れを考えるとよい。

---

①ウォームアップ（5分）　②復習（10〜15分）　③新学習内容の導入（10〜15分）
④練習（10〜15分）　⑤まとめ（5分）

---

① ウォームアップ（**Warm-up**）

　英語の世界に引き込むために，児童が興味をもっている話題や内容をわかりやすい英語で提示したり，英語の絵本を読んで聞かせたり，英語の歌を児童と一緒に歌ったりすることで，英語の授業への動機づけを高めることができる。

第11章　1時間の授業の組み立てと指導案作成

この短時間のインパクトが強ければ強いほど，児童は英語の授業に前向きに取り組むことになる。ここで行う活動を単元や学期毎に系統化した帯活動として行うこともできる。

② 復習（Review）

基本的に児童にとって英語の授業は週1～2回しかない。前回授業で習ったことが十分に理解できているとは限らないし，また忘れていることもある。前の時間に習った語彙・表現および言語活動で取り上げた表現などを簡潔に振り返ることが必要になる。ここでは，必ず児童に英語を使わせる活動，つまり「聞く」「読む」「話す」「書く」活動を行わせながら復習ができる機会を多くつくりたい。また，次の新出の言語材料につなげるためにも復習活動は必要である。

③ 新学習内容の導入（Introduction of new materials）

適切な文脈や場面・状況を設定し，児童自らが新学習内容の明確な意味を理解できるような方法で導入したい。設定した文脈や場面・状況が，必然性があり現実的でかつ児童にとって身近であれば，児童は教師の言う英語（音声）に興味を示し，導入がスムーズに行われるであろう。また，この有意味な文脈の中で，新出事項を含む英文を何度も聞くことで，意味と形式および使う状況の理解が深まるのである。ここでは，教え込むのではなく，児童自らに教師の導入を聞く中で新学習内容の意味と形式に気づかせたい。

④ 練習（Practice）

この段階では，児童が実際の場面に近い状況で英語を使う経験を味わい，それを通してさらに英語学習を進めようとする動機づけとなるようにしたい。そのためには，児童がはっきりとした目的をもって，英語を使って自分でできるあるいはやりたいと思うコミュニケーション活動を用意するのが大切である。教師の発した英語を繰り返すという機械的な練習だけをさせるのではない。

⑤ まとめ（Consolidation）

その時間で何を学習したかを最終的に短時間でまとめ，その時間で学習した内容について，振り返りをさせる段階である。ここでは，児童一人ひとりが，本時に習った表現などを用いて身近なことを言えるか，あるいは書けるか（自

149

己表現）を実際に行い，児童ができたかどうかを客観的に判断（自己評価や相互評価）できるような工夫を行いたい。

　2　　指導案作成のポイント

（1）学習指導案の役割

　教員志望の学生から「なぜ指導案を作成するのですか？」「指導案とはどんなものですか？」という質問をよく受けるので，それについて考えてみる。

　授業では，「教科書を教える」のでなく，「教科書で教える」ことが大切だと，昔からよく言われてきた。もちろん教科書（教材）を無視することはできない。それを十分に活用することは，当然必要なことである。しかし，それはあくまで教科書（教材）を使うということであって，学習者に「教科書（教材）を使ってどのような学習活動をさせるのか」，「何を，どのように教えるか」，を常に考える必要がある。

　「何を」は教材を指し，「どのように」は言語活動や学習活動を指す。教科書の活動は，確かに「何を」「どのように」するかを示しているが，40人前後の児童集団での活動の仕方，たとえば，一斉に声を揃えて言うのか，指名されて言うのか，グループでお互いに話すのか，個別にノートに書くのかなど，その活動や展開方法はいく通りかのものが考えられる。新出語句や表現の学習方法も，同様にいく通りかの展開の方法や順序・道筋（過程）が考えられる。

　このように，「何を」「どのように」して，1時間（45分）の授業を組み立て，展開しようとするかについて，そのねらいや方針，手順などを計画したものが指導案となる。

　また，指導案は教師自身のためにつくるものである。前述したように教師自身が常に指導の流れ，展開方法，生徒の活動のあり方などを記述することを通して，より良い授業を実施するために作成するものである。

第11章　1時間の授業の組み立てと指導案作成

（2）作成のポイント

指導案の作成では，次の3点を心がけよう。

① 1時間の中心になる活動を考える

その1時間の目標を達成するために必要な言語活動は何かを常に考える。その言語活動を行うためには，どんな活動を事前に行う必要があるのか。あるいは，その中心となる活動を行った後，その時間の目標が達成できたかどうかを，どういう活動を通じて評価していくのかなどを考える。1時間全体の活動の流れやつながりを考えてみる。これが指導案作成で最も大事なポイントである。

② シナリオ形式で書く

初めて教壇に立つ教育実習においては，シナリオ形式で書いてみることを勧める。とくに，英語を教える際は，児童に英語を提示する場面が多くあり，その英語が正しくかつ適切でわかりやすいものでなければならない。間違った英語やいい加減な英語を提示することは指導者としてはあってはならない。だからこそ，事前に自分が話す英語はすべて書いておき，それをしっかりと読み込み，何度も声に出して練習するためにもシナリオ形式で書くべきである。

また，日本語での簡潔な説明も必要であり，それも事前に書いておけば，授業中余分な日本語を使わなくてすむ。当然ながら，教師が授業のそれぞれの場面で使う Classroom English も書いて練習しておくと，スムーズに授業の中で英語を使える。

③ 5分を意識した指導案を作成する

さらに指導案作成で気をつけたいのは，自分で書いた指示や説明，さらには活動にどの程度時間を要するのかを事前にチェックしておくことである。教師サイドのみから考えていたのでは，時間をもてあましたり，逆に計画していたことが時間内に終わらなかったりすることがある。

また，小学生の認知力および学習への集中力を考えれば，5分以上単調な1つの活動を続けることは，彼らの理解を保障しがたい。

そこで，1時間（45分）の指導を組み立てるとき，1つの学習活動，言語活動は，5分を基本とする内容にすべきである。教師が5分間で何ができるのか

151

をまずは認識することである。この5分間で児童に何をさせるのかを考えて，指導案に書いていき，中心となる言語活動に10分を使うとしても，最初の5分と後半の5分で行うことに変化をもたせるように工夫をしたい。

（3）指導案の形式・構成

　学習指導案の形式や様式には，色々な種類がある。一般的には，図11-1に提示する指導案例にまとめられるが，実際に作成する際は，その様式や形式については，実習校の指導教諭に尋ね，その学校の実習指導方針や指示に従う。

① 時間

　第2節で述べた授業を構成する5つの要素のそれぞれにどの程度の時間をかけるのかを記入する。

② 指導過程

　第1節第3項に示した英語授業を構成する要素 Warm-up, Review, Introduction of new materials, Practice, Consolidation の5つのどれをどのような順序で行うのかを記入する。

③ 児童の活動・反応

　児童が行う活動（学習活動，言語活動）を記入し，その活動で児童がどのような英語を使うのか，指導者の働きかけに対して，どんな英語で反応してほしいのかなどを記入する。児童が使う英語を予測することも大切である。

④ 指導者の活動・働きかけ

　指導者が使う英語や日本語での説明を書く。第2項で述べたように，ここにはシナリオ形式で，児童に話しかけるそのままの言葉で書くことが望ましい。③と④をしっかりと考えて書くことが授業の予行演習を行うことにつながるので，なるべく詳しく書きたい。

⑤ 評価・留意点・準備物など

　まずこの授業での評価活動における評価基準を記入する。さらにそれぞれの指導過程における指導上の留意点や，各活動に必要な教材・教具を記入する。指導上の留意点とは，「学習の理解の遅い児童に対して，机間指導をしながら，

第11章　1時間の授業の組み立てと指導案作成

時　間	指導過程	児童の活動・反応	指導者の活動・働きかけ	評価・留意点・準備物など
①	②	③	④	⑤

図11-1　指導案の形式・様式例

個別指導をする」「リズム，イントネーションに気をつけて，英文をリピートさせる」など，児童の学習を進める際の様子に気を配る必要があると思われる事項を書く。

（4）目標と評価

　目標とは，1時間を通して学習者にどんなことを身につけてほしいかを記述することである。この目標を明確にすることで授業の流れが決まる。目標は1，2項目に絞るようにする。さらに授業は，学習者の学習が成立することが大切なので，授業のねらいも学習者が到達すべきレベル，すなわちどのようなことができるようになるのか，または授業でどのようにその学習に取り組もうとしているかが明らかになっていなければならない。よって，目標の書き方は外国語科（5・6年）の場合，「〜ができる」「〜が理解できる」という学習者中心の具体的な行動目標（Can-Do）や「〜しようとしている」という学習者の主体的に学習に取り組む態度（関心・意欲・態度）で示される。外国語活動（3・4年）の目標は「〜ができる」の代わりに「〜に親しむ」となる。

　また，評価とは，その目標が達成できたかどうかを具体的な言語活動を通して，学習者の行動達成の判断基準を明示するものである。たとえば，目標が「1〜20までの数字の言い方が理解できる」であれば，「英語（数字）を聞いて，1〜20までの数字のカードをすぐに取ることができる」が評価基準になる。当然ながら，本時の目標と本時の評価は一致しなければならない。

（5）指導細案と指導評価計画

　ここでは，1時間の指導案を中心に考えているが，本来，指導とは長期的な

展望に基づき，児童にどんな力をつけさせたいのか，具体的に何がどれだけできるのか（CAN-DO）を常に意識して教師は指導すべきである。前述したように Backward Design に基づき，1年間の指導評価目標，1学期の指導評価目標，さらには単元の指導評価目標を常に意識して，1時間1時間の指導を組み立てる必要がある。それが指導評価計画である。指導評価計画には，年間・学期・単元指導評価計画がある。一般に「指導細案」というと，本時だけでなく，単元全体の指導評価計画を示し，単元全体の教材観を記述し，さらに児童の様子やその学習の実態（児童観）を述べ，それらをもとに指導観を記述するものである。「1時間の指導案（指導略案）」では，本時の目標，1時間の展開，本時の評価を最低限書くべきである。さらに，本時扱う教材についての扱い方（教材観）を書くのが望ましい。

（6）指導案例

この章のまとめとして，最後に1時間（45分）の指導案，3年生と6年生の例を表11-1と表11-2に示す。

第11章　1時間の授業の組み立てと指導案作成

表11-1　外国語活動 指導案例（3年生）

〈本時の目標：11～20までの数の言い方に親しむ〉

時間	指導過程	児童の活動・反応	指導者の活動・働きかけ	評価・留意点・準備物など
5	Warm-up あいさつ	• 日直が全体に対して，英語であいさつを行う Hello, everyone. Let's study English! • 一人ひとりが指導者とあいさつをする I'm fine / sleepy / happy.	• 全体であいさつをする Hello, everyone. Let's study English! • その後児童一人ひとりと以下のあいさつを行う Hello, How are you? Are you fine / happy / hungry / sleepy?	一人ひとりと目を見てあいさつをする
5	Listening & singing a song	• "Ten Steps" の歌を聞く • "Ten Steps" の歌を歌う • 指定された1～10までの数字を発音する代わりに，手をたたきながら歌を歌う	• Let's listen to a song, "Ten Steps." • Let's sing a song. • Now, don't say the number three. Clap your hands instead.	CD
3	Review 1	• 指導者の言う数字を書く 　7, 9, 4, 3, 2, 8 　・ペアで確認 • 指導者の質問に答える four, six, nine	• Now, listen to the number and write it. Seven, nine, four, three, two, eight. • 黒板に4個，6個，9個の□を提示する How many squares?	図を提示
5	Review 2	• 英語の足し算，引き算（10問） 　・ペアで確認 　・全体で黒板の足し算，引き算を見て，英語で言う	• Let's try "Tashizan" & "Hikizan" in English. Three plus four Two plus seven Nine minus four Ten minus eight (etc.)	英語を言いながら数字を提示していく
10	Introduction of a new material	• 11～20の数字カードを見て英語を聞く 　・1回目：11～20まで順番に聞く 　・2回目：20～11の順に聞く 　・3回目：黒板の数字のカードを聞いて指さす • ルールに気づかせる 14，16～19までの英語を聞く 13の英語を聞く 11～12，20の数字を聞く	• Look at the number cards and listen to English. 黒板に数字カードを貼る • 一桁の数字に teen をつけたことに気づかせたい • 13は three の音が変化していることに気づかせたい11，12は個別の音声，12，20は似ている音声に気づかせたい	数字カード 〈評価〉 1桁の数字との共通点や違いに気づく
5	Practice 1	• 1～20の書いた数字カードをグループに配る4人の机を合わせて，中央に20枚のカードを並べる英語を聞いてそのカードを取る（カルタ取りゲーム）	• 数字を言う • 取ったカードの数字をすべて読みあげる	数字カード（グループ）
5	Practice 2	• 4人グループで1～20のカードを使って，英語を言う練習する4人交代で言う	• 全体で1～20を言う練習を行ってから，4人グループ内で言わせる	
3	Practice 3	・"Twenty Steps" を歌う	Warm-up で行った "Ten Steps" のメロディーを使って替え歌で1～20までを歌う	CD
4	Consolidation	• ペアで11～20の数字を英語で言い合う 　・振り返りをする		〈評価〉 11～20の数字を英語で言うことができる 振り返りシート
	あいさつ	• 日直がリードして全体であいさつをする Good-bye. See you.	• Good-bye, everyone. See you.	

出典：筆者作成。

155

表11-2　外国語科 指導案例（6年生）

〈本時の目標：将来就きたい職業について聞いて，その表現が理解できる〉

時間	指導過程	児童の活動・反応	指導者の活動・働きかけ	評価・留意点・準備物など
8	Warm-up Greeting & Review 1	・日直が全体に対して，英語であいさつを行う Hello, everyone. Let's study English! ・ペアワークで以下の応答練習をする練習中，指導者が児童一人ひとりとあいさつをする	・全体であいさつをする Hello, everyone. Let's study English! ・Make pairs and ask and answer the questions. Please look at the blackboard. Now, repeat after me. Now, let's begin.	黒板に応答例を提示するペアワークの前に全体で言わせる（アミかけ部を変えるように指示）一人ひとりとあいさつ，What do you want to do now? の質問をたずねる
		A：Hi, how are you? B：I'm fine / sleepy / happy. And you? A：I'm fine / sleepy / happy. A：What do you want to do now? B：I want to play video games / read a comic book / study English. How about you? B：I want to play soccer / listen to music.	A：Hi, how are you? B：I'm fine / sleepy / happy. And you? A：I'm fine / sleepy / happy. A：What do you want to do now? B：I want to play video games / read a comic book / study English. How about you? B：I want to play soccer / listen to music.	
2	Consolidation of Review 1	・指導者の質問に答え，手を上げる A：I want to play vieo games. 同じことをしたい児童は手を上げる （いくつかの答えに同様に手を上げる）	・上の児童とのやり取りで多かった答えを以下のようにして提示する A-kun, What do you want to do now? Do you have the same idea as A-kun? Raise your hands. （3～4人の児童に同じ質問をし，その答えと同じ児童に手を上げさせる）	
5	Introduction of a new material (Words 1)	・提示された絵（5枚程度）を見ながら英語を聞く ・黒板に提示した絵を指導者の英語を聞いて，指さす	・Now, listen to English looking at each picture. それぞれの絵を指しながら以下の職業名を導入3回ずつ聞かせる vet, lawer, nursery school teacher, diplomat, astronaut ・Now, listen to English and point out the picture.	絵カード（ここでは，この後のゲームで使う職業の言い方を知る）
10	Practice 1 (Game, 'Who am I?')	・指導者の英語を聞く ・指導者の英語を聞いて答える（またはペア，グループで考える）	・Now, we are going to have a game, 'Who am I?' 以下の英文を提示する Today, I will introduce our teachers' dreams at elementary school days. I will tell you five teachers' dreams. A,B,C, D, and E sensei. Please listen to my English and guess who I am. (Ex) No. 1：I wanted to be a vet because I liked animals very much and I wanted to live with some animals. Who am I?（2回言う） （以下 No. 2～5省略） ・正解発表	黒板にカード「小学校の時の夢」を貼る

第11章　1時間の授業の組み立てと指導案作成

5	Listening practice	・A〜E先生のそれぞれが何になりたかったのかを再度先生の英語を聞いてその内容を確認するワークシートに日本語で記入する	・Now, I will read each teacher's dream again. Please listen and fill in the blanks in Japanese. (Ex) In the case of A sensei, I wanted to be a vet because I liked animals very much and I wanted to live with some animals.	5人の先生が何になりたかったかとその理由をワークシートに記入させる
5	Introduction of a new material ('want to be〜')	・5人の将来の夢の紹介を再度聞いて，共通な言語形式に気づく wanted wanted to be〜 because〜	・O.K. I intproduced five teachers' dreams. What are common expressions? Listen to them again. (以下のことを確認していく) ・want の意味は ・wanted はいつのこと ・wanted to be はどんな意味かな ・「〜になりたい」と将来の夢を言うときに使うことを説明	(過去の話の確認：復習活動を兼ねる warm up の活動と結びつける) 〈評価〉 want to be〜が将来の夢を述べる表現であることに気づく
5	Practice 2 (Reading aloud)	・5人の先生の夢の紹介の英文を見ながら，指導者の英語を聞くその後指導者について音読する ・ペアで，音読練習をする	・Let's read the teachers' dreams. First just listen to English looking at this paper. Now, repeat after me. Next, make pairs and read aloud each other.	先生の夢の紹介文を生徒に配る 机間指導で学習の遅れがちな児童も読めているかを確認する
5	Consoli-dation	・指導者の英語を聞いて，何になりたかったか，その理由を聞き取る その後，振り返りをする	・Lastly, I will tell you my dream in my elementary school days. (指導者の小学校の頃の夢を言う)	振り返りシート 〈評価〉 want to be〜の意味が理解できる
	あいさつ	・日直がリードして全体であいさつをする Did you enjoy today's English Class? Yes. Good-bye. See you.	・Thank you. Good-bye, everyone. See you.	

出典：筆者作成。

引用・参考文献

辰野千壽（2006）『学び方の科学　学力向上に生かす AAI』図書文化。

村野井仁（2006）『第二言語習得研究から見た効果的な英語学習法・指導法』大修館書店。

米山朝二・杉山敏・多田茂（2013）『新版英語科教育実習ハンドブック』大修館書店。

学習の課題

(1) 5・6年生で指導する内容，たとえば，5年生の「できること」や6年生の「夏休みの思い出」について，1時間の指導案を作成しなさい。

(2) 小学校英語授業の録画ビデオなどを視聴し，その授業が，第二言語習得の認知プロセスに基づいた構成，展開になっているかを分析しなさい。

【さらに学びたい人のための図書】

白井恭弘（2012）『英語教師のための第二言語習得論入門』大修館書店。
　　⇨英語を教える教師を対象に書かれた本。日本のこれからの英語教育の方向性や教師が知っておくべき第二言語習得論についてわかりやすく解説してある。

岡秀夫・金森強編著（2007）『小学校英語教育の進め方──「ことばの教育」として』成美堂。
　　⇨小学校における英語指導に必要な理論から基本的な指導方法，さらには実践に役立つアイデア，歌，ワークシートの教材を含んだ実践的な指導書である。

文部科学省（2017c）『小学校外国語活動・外国語研修ガイドブック』。
　　⇨具体的な小学校外国語活動・外国語科の授業の組み立てから指導案例，授業研究の進め方，評価の方法等が述べてある。さらには指導者が使う Classroom English の例示が多く収められている。これからの小学校教員には必読のハンドブックである。

（杉本義美）

第12章	外国語・外国語活動における評価

この章で学ぶこと

　この章では，教育実践において，評価とは何か，そもそも何のために必要なのかについて考え，教科としての「外国語」や領域での「外国語活動」において，求められる評価のあり方について検討していく。通知表に評定（数値による評価）があるないにかかわらず，教師は児童の学びの様子を見取ることによって，これまでの指導を反省し，その後の指導に生かすことが重要である。さらに，児童の様子をただ観察することだけでなく，育てたい姿（＝目標）に照らして，教師が児童の到達状況を丁寧に見取るための方法や，児童も自分自身の成長を捉えてこれからの学びの見通しをもつことができる評価のあり方についても紹介する。

1　何のために評価するのか

（1）教育評価の必要性

　評価はなぜ必要なのだろうか。評価と聞くと，教師が学習者の学習状況について評定を下す（「5」や「4」などの数値を通知表に記す）ことを真っ先に連想するだろう。しかしながら，教育における評価とは，そうした面だけではなく，より大きな視点においてきわめて重要なものである。

　学習の状況を評価することには，まず，計画としての教育課程や授業での教育方法が，本当にその学習者の適切な学習に結びついているのか，そして実際に学んでいるのかを確認するという意味がある。そしてその学びの状況によって，計画段階での教育課程のあり方や授業実践の方法を検証し改善し，ていくことが大切である。こうした一連のサイクルを PDCA サイクルと呼ぶ（Plan：計画・目標，Do：実践・授業，Check：検証・評価，Action：改善，の頭文字をとった

もの）。評価は「Check」にあたり，目標に照らして学習者の学びの到達点を吟味し，教育課程や授業実践をより学習者の学びに即したものへ改善していくために，きわめて重要な位置づけとなるのである。もしこの「評価」のステップがなければ，教師の計画や授業実践が一人よがりのものとなり，学習者の学びに結びついていなくても指導を改善しようとする視点をもてない。教育課程のあり方や指導改善のために学習者の学習実態を把握し，指導改善に結びつけるということが，評価を考える際の重要な視点である。

　評価には大きく分けて2つの機能がある。上で述べたように，評価は計画段階で示された「目標」とともに設定され，学習の後で，学習者が実際にその目標に至ったかを評価する。したがって，評価には単元，学期，学年など，一定のまとまった学習の最終的な段階で児童の学習成果の査定をする評価，つまり「総括的評価」（summative assessment）がある。成果の査定のための評価，これが評価の一つの機能である。

　もう一つ，教育的な機能をもつ評価に「形成的評価」（formative assessment）がある。これは，日々の授業実践において行う評価活動のプロセス自体が学びとなり，しばしば，テストという名を借りた学習活動とみなせるタイプの活動である。また，その評価活動が，児童の次の学びへの動機づけになったり，学びの方法やプロセスを教師が再考する材料となっていく。単元の最終でのみ評価を行い，児童が目標に「到達していない」という判断を下すのではなく，実践の「途中」において，たとえば，ワークシートの取組み状況，ペアやグループ活動中の行動観察，ときには小テスト的なものを通して，学習者が目標に到達する姿を見せているのか，あるいはつまずきを見せているのかを丁寧に見取る。そして，できていないことがわかれば次の指導を改善していくことやフォローする指導（補充指導）が必要である。こうした形成的評価や指導改善を踏まえて，最終的な学びの状況を評価する総括的評価につながっていく。

　この形成的評価に関しては，近年，教師が学習者の学習状況を見取るだけではなく，学習者自身が自分の学びの状況を把握し，さらに今後の学びの見通しをもつためにも重要であるという「学習としての評価」（Assessment as Learning）

第12章　外国語・外国語活動における評価

という考え方が広まってきている。主に自分で自分の学びを評価する「自己評価」が代表的なものであり、学習者自身が自分の学びを意味づけ、達成感を得たり、課題をより明確にもち、次への学びにつなげていくための情報を得る機会となる。重要なのは、教師のみが評価の主体であるのではなく、学習者自身が評価に参加したり評価の主体になることを通して、自らの学びを反省し次の学習の見通しをもったり学習方法を改善したりできることである。これが評価の第二の目的である。

　このように、こうした目的を考えれば、評価は必ず計画や実践とともに語られなくてはならない。常に目標や実践とセットで考えるということがつまり「指導と評価の一体化」といわれ、重要な視点なのである。

（2）観点別学習状況の評価

　前述したように、評価は目標や指導と三位一体のものである。そのため、評価は常にその目標が達成されているかどうかが基準となる。

　改訂前の「外国語活動」では次の「観点別学習状況の評価」の3観点が設定されてきた。すなわち「言語や文化に関する気付き」、「コミュニケーションへの関心・意欲・態度」、「外国語への慣れ親しみ」である。言語や文化について、活動を通して異文化に対する気づきや言語の音声等の違いに気づいているか、積極的にコミュニケーションを図ろうとする態度が育成されているか、外国語の音声や基本的な表現に慣れ親しんでいるか、を評価するものであった。

　2017（平成29）年3月に告示された新学習指導要領では、児童の視点に立ち、教育課程全体や各教科等の学びを通じて「何ができるようになるのか」という観点から、育成すべき資質・能力を整理する必要があることが強調された。その整理された資質・能力を育成するために、「何を学ぶのか」という見地で必要な指導内容等を検討し、その内容を「どのように学ぶのか」という方法的観点で児童の具体的な学びの姿を考えながら構成していく必要がある。そしてそのような学びの要素として、次の三つの柱が示されている。すなわち、①「知識・技能」（何を知っているか、何ができるか）、②「思考力・判断力・表現力等」

161

（知っていること・できることをどう使うか），③「学びに向かう力，人間性等」
（どのように社会・世界と関わり，よりよい人生を送るか）である。

　外国語活動および教科の外国語においても，この三つの柱を新たな観点として位置づけることが方向性として示されている。なお外国語科においては，「〜できる」という CAN − DO 形式で目標が設定され，それをもとに長期的な目標を位置づける CAN − DO リストの作成が小・中・高校で進められていることもあり，各教科に先んじて「〜できる」という目標が意識されてきている。

　①「知識・技能」では，外国語活動では言語や文化についての「気づき」を見ていくものになるだろう。そして教科としての外国語では，そのテーマに関連した基本的な語彙や表現について，日本語との違いに気づいているか，またコミュニケーション活動を行うための知識として運用できているかどうかを確認していくこととなる。新学習指導要領で聞くこと，読むこと，話すこと，書くこととしてそれぞれ具体的に示された目標に照らして，理解しているか，できるようになっているのかを見取るのである。

　②「思考力・判断力・表現力等」は，2017年告示の新学習指導要領のとくに重要な観点となる。外国語科における「見方・考え方」として，「外国語で表現し伝え合うため，外国語やその背景にある文化を，社会や世界，他者との関わりに着目して捉え，目的・場面・状況等に応じて，情報や自分の考えなどを形成，整理，再構築すること」が強調されている。教科としての外国語では，そのテーマに関わる基本的な語彙や表現を，さらにはこれまでの既習事項を組み合わせて，「目的や相手，状況に応じて活用しながらコミュニケーションを行い，自分の気持ちや考えを伝え合えているか」を見取る観点となる。

　最後に，③「学びに向かう力，人間性等」は，学習の成果としてより関心や意欲を高めているかを評価しなければならない。単に楽しんでいるか，という行動観察だけではなく，相手に理解してもらう工夫をしようとしているかどうかや，次への学びに向かう姿勢を見取ることができるような活動の設定が何より重要となる。

　なお，指導要録に記載する総括的評価（最終の評価，通知表に反映されるもの）

については，外国語活動ではこれまでと同様に，所見欄にて児童の学びの様子を文章表記する。外国語科においては，2018年度，2019年度の移行措置期間に，文章表記するとされている。2020年度以降については，現段階（2018年 3 月）では，とくに数値評価の導入の有無について公式に文書に明記されたものはない。今後の文部科学省からの指示を待ちたい。

　こうした三つの柱を意識して，5・6年生の 2 学年，あるいは 3・4 年生の外国語活動も含めた 4 年間を見通し，評価の観点ごとに児童の学びの具体的な姿を設定していくことが必要である。すなわち，最終的にどのような学びの姿となってほしいかを定め，そこから評価の各時期に何をどの程度目標とするのかの質的な基準づくりが検討される必要がある。この点は，小中学校の連携という視点からみても重要な点となる。中学校へ接続する小学校 6 年生の卒業時の具体的な子どもの姿を想定し，そこから学年ごとの目標を適切に定め，2 学年間を通じて目標の実現を図るようにすることが求められている。そしてこれが各学年での年間指導計画と連動することが求められていく。

2 　どのように評価をしていくのか

（1）単元構成と評価の観点

　では実際の活動や指導の流れにおいて，どのように評価を位置づけていけばよいのだろうか，またどの観点がどのような活動や学びと結びつくのだろうか。

　外国語および外国語活動の各課（Unit）は，外国語学習の理論やこれまでの実践における蓄積を踏まえ，各テーマが設定されたうえで，一般的には次のような展開となっている（図12-1も参照）。

　まず①「導入（新しい表現に出会う活動）」である。単元の終わりに設定されたゴール（目標）を知り，そのために必要な新しい表現に出会う時間である。次に，「語彙や表現に慣れる活動」が位置づけられている。語彙や基本的な表現について，たくさん聞いたり発話をしたりすることを促すゲーム的な活動（遊びではなく，意図のあるもの）が位置づけられている。自然と楽しめる，意味

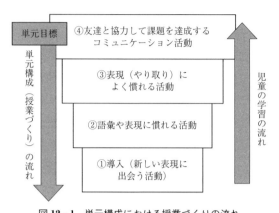

図12-1 単元構成における授業づくりの流れ
出典：文部科学省（2017）『小学校外国語活動・外国語研修ガイドブック』176頁より筆者が図表化。

のある練習を踏まえて，③「表現（やり取り）により慣れる活動」が組まれる。②の練習的な位置づけを超えて，より相手と伝え合うことを目的とした活動の中で，語彙や表現に必然的に慣れ親しむことが目指されている。発話に不安が残る部分も，学び合う中で段々と定着されていくことを期待する。そして最終的には，④「友達と協力して課題を達成するコミュニケーション活動」が設定される。より大人数（クラス全体など）のコミュニケーション活動や，プロジェクト活動（発表や作品づくりなど）が単元の最後に設定されているものもある。①から③を通してこれまで慣れ親しんできた語彙や基本的な表現を活用して，最終的な活動を成し遂げるのである。この④の活動で求められることが，単元の目標にある「○○することができる」と対応する。

ただこうした単元構成があるが，各授業をこれに当てはめて明確に分けるのではない。たとえば1時間目では単元全体の導入が行われつつも②も行い，単元の後半では②の音声面での活動を導入的に位置づけて③，④の活動をメインに位置づけるという構成となる。したがって，そうした大きな単元構成と授業の流れを踏まえて，評価の観点と評価の時期・方法も考える必要がある。

一般的には次のように考えられるだろう。①や②においては，主に「知識及び技能」の観点が位置づくだろう。語彙についてのクイズやそこでのワーク

第12章　外国語・外国語活動における評価

シートの書き込みの様子から児童の理解度を見ることができる。そして主に③，④においては，相手や他者への意識をもちながら実際に学習した語彙や表現を活用しているかどうかを実際に見取ることができる。とくに④は，これまでの学習事項を組み合わせたコミュニケーション活動やプロジェクト活動が行われるため，「思考力・判断力・表現力」を評価する絶好の機会となる。また，「学びに向かう力」についても，こうした最終的な課題に向かっていく姿勢やそこでの作品を中心に評価することが求められる。このように，各授業において，最もその観点を捉えられる活動に焦点を定め，児童の学習状況を見取ることが必要である。

（2）個々の児童の様子を捉える評価方法

　それでは，単元の展開に応じた評価の必要性を踏まえて，具体的にどのような評価方法が求められるのだろうか。具体的な実践場面を連想しながら考えていきたい。活動の観察やパフォーマンス評価（インタビュー［面接］，授業内の発表，児童が書き記したワークシートや作品等の評価）など，多様な評価方法から児童の学習状況を的確に評価できる方法を選択して多面的に評価することが重要である。

① 観察による評価

　まず最も主とされる評価の方法は「観察」である。活動において観察を行う際には，1時間に評価する場面と観点を設定しておき，活動の様子が目立った児童（よくできた ／ できなかった）についての記録のみにする方法や，評価するグループをあらかじめ決めておき，1時間あたり1つのグループの児童についての評価を行うなどの工夫が試みられている。その際には，児童の座席表や児童の名前の書かれた表を手にもち，授業の各場面で記録していく。

　しかしながら，毎回の授業において，担任がT1として授業を進めながら児童一人ひとりの行動観察をすることは容易ではない。そこで，一人ひとりの学びを見取る工夫や，教師による児童の行動観察を支えるための評価資料を揃えておく工夫が必要となる。

② 授業の過程（活動の途中）で学びを確かめる評価

　評価を後から行うのではなく，児童が活動を進めるのに最低限必要な語彙や表現についてどの程度慣れ親しんでいるかについて，活動の過程（途中）で児童の様子を直接的に捉える工夫がこれまでの実践で開発されてきている。

　たとえば，学校によって「グッバイチャレンジ」や「たしかめチャレンジ」などと呼ばれている実践がある。1時間の授業の最終の段階で，教師や ALTが児童の一人ひとりと，その時間あるいはその単元で不可欠な言語表現，すなわちその課の核となる表現を使ってやり取りを行う時間を設定したものである。多くの場合は，毎時間ではなく，たとえば単元の展開の中で表現に慣れ親しんできた頃，かつ最終のコミュニケーション活動やプロジェクト活動を成し遂げるにあたって一定の理解や定着が望まれる段階に設定されることが多い。

　これらの実践にはどのような意義があるのだろうか。まず一つに児童の発話の機会を確保することができる。二つ目に，つまずいている児童の割合やつまずきの質について教師は情報を得ることができ，授業の改善に活用できる。もし活動に困難さを感じている児童がいれば，個々に支援を行う貴重な機会ともなる。これは，先に述べた形成的評価の一つの典型的な例である。

③ 児童自身の学びを見つめさせる評価——自己評価

　児童の自己評価を主な目的として，図12-2のような「ふり返りシート」がよく用いられている。その際には，児童にわかりやすい言葉・表現を用いることが必要である。また教師が大切にしたい視点を入れることもある。児童と教師の双方が観点を共有することが重要であり，児童自身にとっても，外国語活動・外国語における自分なりの目標（めあて）を設定する指針となるからである。さらには，「授業を通して気づいたこと，わかったこと，思ったこと」を記述できる自由記述欄を設定するほうがよい。教師が想定していなかった事柄を児童が学び取っていたり，教師には見取れなかった児童の頑張りが見えてくることもあるからである。

　外国語活動では学ぶ意欲や関心を中心に活動を行うことができたかが自己評価の項目となる（酒井, 2014）。高学年の外国語では，学んだ表現を使用して活

第12章 外国語・外国語活動における評価

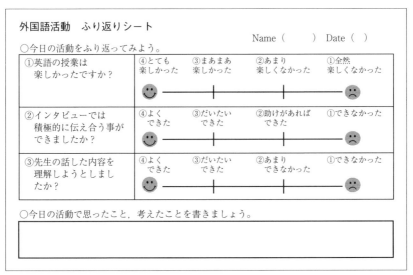

図12-2 ふり返りシートの例
出典：筆者作成。

動ができたか，理解し定着できているかを自分で評価させる項目となるだろう。たとえば，「"Where is the...?"を使って建物の場所をたずねたり，"Go straight."や"Turn right."などを使って友達と道案内し合ったりすることができましたか？」という項目となる（文部科学省，2017，179頁）。

さらに，ふり返りの指針となる基準（「とてもよくできた」「あまりできなかった」

2．助けがあればできた…
欲しいものを聞かれて，友だちや先生の助けを借りて言えた。

3．だいたいできた…
欲しいものを聞かれて，自分のことを言うことができた。

4．とてもよくできた…
欲しいものを聞いて，相手の欲しいものがわかった。自分の欲しいものについて伝え方を考えて上手に言うことができた。

図12-3 ふり返りシートの項目の基準例
出典：筆者作成。

など）についても，工夫ができる。外国語（活動）では児童同士の学び合いや助け合いを重視したい。そこで，たとえば，図12-3のように，「あまりできなかった」「あまりわからなかった」という表現よりも，「助けがあればできた」という記述にすれば，児童にも協力して学ぶことの重要性を伝えることが

167

できる。また，このように CAN‐DO を意識した項目は，「部分的にもできる（partial competence）ことを積極的に認めてあげることで，少しずつ『できる感』を育てていく」ことにもつながる（長沼，2011，70頁）。

④ 学びの足跡を蓄積した資料をもとにした評価

　授業で使ったワークシート，「グッバイチャレンジ」などのシート，そして自己評価をしたふり返りシート，相互評価シートなどは，児童の学びの状況を表すものとして非常に貴重な証拠となる。

　これらの資料をもとに評価することを「ポートフォリオ評価」（Portfolio Assessment）という。ポートフォリオとはもともとは芸術家等が自身の作品集をアピールをする際に提示するファイルや容器のことを指す（西岡，2016）。授業実践では児童一人ひとりにファイルやボックスを与え，これまでの実践での作品や学ぶ過程でのワークシートやメモなど，児童の思考や表現の証拠を蓄積するものである。では，ポートフォリオ評価の意義はどのようなところにあるのだろうか。

　第一に，教師が児童の学習状況を知ることができる。教師は日々の行動観察に加えて，児童の学びを丁寧に見取るため，こうしたファイルをじっくりと評価する。全体での行動観察では見えにくい個々の児童の得意な部分や成長している部分の証拠を見つけるとともに，苦手な部分やつまずきも見えてくる。発表の作品だけでなく，それをつくる際や発表をする際の手持ちのメモなども含めておくことで，たとえば「学びに向かう力」における児童の発達・認識の実態をつかむことができる。そして一人ひとりの学びを超えてクラス全体でどのような傾向があるのかも丁寧に把握することができる。

　第二に，児童自身が自分の学びを振り返ることができる。学習の状況を振り返り，自分の成長を自分自身で理解し（メタ認知），次への見通しや改善点を見出すことができる。さらに，感覚的な自己評価ではなく，学びの証拠と結びついた自己評価を行うことができる。

　第三に，保護者が授業内容や子どもの学習状況を把握できるという利点がある。子どもの学びに対する学校側の説明責任を果たす意義もある。

第12章 外国語・外国語活動における評価

　以上のように，主軸になる評価は教師の行動観察ではあるが，自己評価や
ポートフォリオ評価等の複数の評価方法を組み合わせることで，より多面的で
質の高い評価が可能となったり，児童自身の主体的な学びを助けることができ
る。

3　これから求められる評価のあり方

（1）ルーブリックの設定

　活動が豊かになるほど，客観的な評価が必要となる。そこで注目されている
のがルーブリック（rubric）による評価である。ルーブリックとは，評価基準
表のことであり，「成功の度合いを示す数レベル程度の尺度と，それぞれのレ
ベルに対応するパフォーマンスの特徴を記した記述語からなる評価基準表」

表12-1　やり取り（**Interaction**）における一般的なルーブリック例

	やり取り	相手意識（アイコンタクト・ジェスチャー）	英語表現	方略的知識
A	自分の伝えたい内容を伝え，相手の発話に耳を傾けることができている。相手の伝えている内容を的確に理解している	アイコンタクトやジェスチャーを効果的に用いて伝えられている	当該単元の表現だけでなく，これまでの既習事項を組み合わせて用いている	相手に聞き返したり，うなずきながら聞くことに加えて，相手の発話を促したり，自分の伝えたい内容を相手に応じて言い換えたりしている
B	自分の伝えたい内容を伝えることができている。相手の伝える内容の概要を理解している	アイコンタクトやジェスチャーを何とか用いようとしている	当該単元の表現を適切に用いている	相手に聞き返したり，うなずきながら聞いている
C	自分の伝えたいことを伝えるのに苦労している。相手の伝える内容も理解できていない	アイコンタクトができておらず，ジェスチャーも用いようとしていない	当該単元の表現を使うのに自信のなさが表れており，間違いも見受けられる	うなずきながら聞くことはなく，相手の伝える内容がわからなくても聞き返さず，反応が薄い

出典：筆者作成。

169

表 12-2 個別の課題に即したルーブリック例（単元：**My bag** を紹介しよう）

	やり取り	相手意識（アイコンタクト・ジェスチャー）	英語表現	方略的知識
4	自分の作品の特徴を英語で伝えたり，相手の伝えている内容を的確に理解し，互いの作品を探すことができ，そのよさを伝えることができる	アイコンタクトをしながら，ジェスチャーを効果的に用いて相手に自分の作品の特徴を伝えられている	What do you want?や形や色についての単語だけでなく，これまでの既習事項（many や数，場所を表す単語）を組み合わせて用いている	相手の伝える内容を理解し，うなずきながら聞くことに加えて，聞き返したり，さらに Is this your bag? など相手の発話を促したり，言い換えたりしている
3	自分の作品の特徴を英語で伝えたり，相手の伝えている内容を理解し，作品を探すことができる	アイコンタクトやジェスチャーを用いて相手に自分の作品の特徴を伝えられている	What do you want?や形や色についての単語を使っている	相手の伝える内容を理解し，うなずきながら聞くことに加えて，聞き返したりしている
2	自分の伝えたい作品の概要を伝え，相手の作品の特徴を理解しようとしているが，細かい点のやり取りができない	アイコンタクトやジェスチャーを時々用いようとしている	What do you want?や形や色についての単語を，ペアや教師の助けを得ながら用いている	相手の伝える内容を理解し，うなずきながら聞くことができている
1	自分の伝えたいことがほぼ伝えることが難しい。相手の伝える内容も理解できていない	アイコンタクトができておらず，ジェスチャーを用いようとしていない	What do you want?や形や色についての単語を助けを得ても用いることが難しい	相手に対してうなずくなどの理解を示す表現がほどんどない

出典：筆者作成。

（西岡，2016，26頁）で，教師の願う到達度（育てたい姿）をまず設定し，児童の実際の様子を見ながら，段階的な姿を設定するものである。教師が願う到達度に達した場合はB基準に位置づき，A基準は期待以上のより良い到達の姿，C基準はもう少し学びの深まりが欲しいという未到達の姿であることが多い。重要なのは，テストの点数や記憶している語彙数といった量的な基準のみではなく，むしろ児童が様々な知識や技能をどの程度活用しているのか，質的な深まりをみる質的基準であるということである。

　まず，ルーブリックには，どのようなパフォーマンス課題においても活用で

第12章　外国語・外国語活動における評価

きるやや一般的なルーブリックと，個別の具体的な課題において参照するルーブリックがある。まず一般的ルーブリックの例を示す（表12-1）。

　縦軸，横軸を逆にする場合もあれば，4段階や3段階（大きい数字がより良いパフォーマンスを示す）の数字（4，3，2，1）で表す場合もある。表12-1のルーブリックでは，やり取り（Interaction）の課題において必要な観点を項目化し，たとえば相手意識や方略的知識など，その課題を行ううえで身につけさせたい項目を設定し，それぞれについて目指すべき姿が示されている。

　表12-2のルーブリック例は，『Hi! friends! 1』Lesson 5のTシャツづくりの課題をもとに My bag を紹介し合うというパフォーマンス課題を設定した場合の個別ルーブリックである。一般的なルーブリックと比較して，児童が用いる具体的な表現・やり取りがより見えるように作成されている。これは一例であり，児童の実態によって着目したい項目も変わるかもしれないので，目の前の児童の様子に合わせて複数の教師で協議をして設定できると，より児童の実態に応じたルーブリックになる。

（2）評価の視点の「共有」

　さらに，単元の中間で，形成的評価や振り返りを行う際に，こうしたルーブリックを意識し，声かけを行うことが重要である。たとえば，活動を2つのラウンドに分け，第1ラウンドと第2ラウンドの途中に，教師が介入する時間をつくって，ルーブリックの項目に即して児童の良い姿を褒めたり，難しい点をフォローしたりする。授業の終わりの振り返りでは，教師によるまとめの言葉を通して，同様に重視したい視点を意識させる。教師と児童の双方がその活動で重要な視点と目指すべき姿を具体的に意識し，次の活動での目標を定めることができる。そうすることで，先に述べた自己評価の視点としても児童に伝えることができ，また児童同士が評価をする相互評価においても，同じ視点をもって評価ができるようになるため，意味のある評価活動となる。

　このように，ルーブリックを作成し，それを常に意識した活動を行い，活用することが重要である。そうすることで目標と評価基準に一貫性のある授業を

171

行うことができるようになる。ルーブリックを児童にも提示することで、質の高い自己評価が行えるようになるとともに、児童自身のめあての設定にも役立つものとなろう。

　授業の計画や実践内容を十分に吟味することはとても大切である。加えて、評価を行うことで児童の学習状況を丁寧に見取り、反省・修正し、次のよりよい計画や実践へ生かすことが何よりも重要である。ただし、評価をすることが目的となるあまり、肝心の授業が児童の興味・関心に即していないものとなったり、豊かな学びを阻害するものとなってはならない。児童の成長を促すために評価をするという視点を、教師は常にもっていることが必要である。

引用・参考文献

酒井英樹（2014）『小学校外国語活動　基本の「き」』大修館書店。

長沼君主（2011）「小学校英語活動における自律性と動機づけを高める Can‐do 評価の実践」『ARCLE』Vol. 5, No. 2, 65〜74頁。

西岡加名恵編著（2016）『「資質・能力」を育てるパフォーマンス評価 アクティブ・ラーニングをどう充実させるか』明治図書。

文部科学省（2017）『小学校外国語活動・外国語研修ガイドブック』。

学習の課題

⑴　単元を1つ設定して、単元のどの時間のどの活動で、どの観点から評価するかを検討してみよう。

⑵　授業中に児童の活動の様子を丁寧に見取る機会として、どのような場面設定ができるか考えてみよう。

⑶　ポートフォリオ評価法について、具体的にどのようなものをファイルに貯めて、何を見取るかなど、具体的な活用方法を考えてみよう。

【さらに学びたい人のための図書】

田中耕治（2008）『教育評価』岩波書店。

　⇨教育評価のこれまでの歴史・変遷や現在求められるパフォーマンス評価や評価を軸として授業づくりを展開する際に議論すべき視点が論じられている。そもそも評価は何のために行うのかや様々な評価法のメリット・デメリットを学びたい場合には一読をおすすめする。

第12章　外国語・外国語活動における評価

大牟田市立明治小学校，菅正隆編著（2012）『外国語活動を徹底サポート！“Hi,
　friends!”指導案＆評価づくりパーフェクトガイド（成功する小学校英語シリー
　ズ）』明治図書。
　　⇨Hi, friends!の各課に即して目標や評価規準・基準の例を豊富に示している。
　　　その他にも評価補助簿の例などもあり，具体的に評価を行う際の参考になる。

（赤沢真世）

第13章 小中連携，校内研修，継続的な
自己研修について

この章で学ぶこと

この章では，小中学校（以下，小中）連携，校内研修，継続的な自己研修について考えていく。小中連携についてはそれぞれの視点の違いと注意すべき点を中心に理解を深め，校内研修については文部科学省が進める中核教員による研修や独自の校内研修について考えていく。継続的な自己研修については，その実際の方法について理解を深める。

1　小中連携のポイントと実際

（1）小中教員はどう英語教育に向き合うか（ステップ1）

この節では，まず小中の連携の実際を3つのステップに分けて述べる。まずステップ1は，小中の教員がそれぞれがやるべきことを明確にすることである。

小学校で「外国語活動」が始まる中学年は，活発な活動ができる年齢である。したがって，中学年の特徴を授業の中で大いに活用しながら，英語の音声を何度も聞かせてたくさん声に出させる工夫が必要である。また高学年では中学年での経験をもとに，さらに聞くこと，話すことを重ねつつ，文字と音の結びつきにも学習を広げていく。

中学校での教科「外国語」は，小学校でたくさん聞き，話してきた文章が言語としてどのような仕組みになっているかを体系的に学び，それによって学んだ文型を活用して様々に会話の範囲を広げるとともに，仕組みを理解して自分で英文をつくったり書いたりすることも含めた言語能力を高めていくのである。

次に，小中連携を考える際のポイントとなることを小学校教員用と中学校教員用に分けてまとめる。

174

第13章　小中連携，校内研修，継続的な自己研修について

① 小学校教員が注意すべき点

　学習指導要領には４技能に関して，小学校ではどこまでをやるのかが明記されている。音声を中心にコミュニケーションの経験を積ませてその芽を育てるために，具体的には次のことを注意すべきであろう。

- 学ぶ目標となる対話をその場につくり出して音声を十分に聞かせて，ゆっくり話されればわかるという経験を積ませているか。また絵本の読み聞かせによって，文章を一つひとつ理解していくのではない外国語学習特有の世界の経験，繰り返し出てくる言葉の意味を想像しながら話の筋をつかんでいく経験をさせているか。
- 音声で慣れ親しんだ表現を使って，想定問答ではないコミュニケーションを促しているか。
- 自分のことを伝えようとする経験を積ませているか。
- 文字の名称を理解し，４線上に書く経験を積ませているか。

　上述のそれぞれは実際に教室の中で児童が経験して学ぶことであり，教師の説明で理解させることではない。これらの経験は一度やればそれでよいのではなく，様々なテーマで何度も経験を積ませることを忘れてはならない。

② 中学校教員が理解しておくべきこと

　小学校で英語の絵本の読み聞かせをしているのは，何のためであろうか。絵が示す物語を音声で聞きながらその内容を理解したり，繰り返し出てくる表現に気づいたり，英語の音を丸ごと聞く経験をしながら，理解できるようなできないような曖昧さに耐えながら，少しずつそのお話全体を自身の中で捉えようとする経験をさせているのである。また，小学校では音声を聞くことを中心に英語を経験しており，経験したいろいろな単語は児童の記憶の中にあるが，それは文法的には整理されていない。小学校で経験した音声や単語を，中学校では再度取り扱い，仕組み，決まり，文字などの情報を整理し，指導することによって，言語としての知識を整えさせる。このようにして確固としたものになった知識を活用し，コミュニケーションの経験を広げ豊かにしていくのである。

しかし，そのことを急ぐあまりに，何がなんだかわからない状態のまま教科書の文面を読むことを求めて，生徒がカタカナを振りながら英語を読むようになっては，小学校で音声を中心に指導してきたことを生かせない。それを避けるには，中学１年の早い時期に，小学校で学習して記憶にある英語がどのように文字につながるかをまず経験させるのが一つの方法であろう。

　具体的には，小学校で何度も聞いてきた単語を学習者が思い出して発音する場面をつくり，その単語と文字の音との関係に気づかせ，指導することにより，音声での記憶が文字へと結びつくように指導する。ジングルと呼ばれる文字と音を結びつける教材やフォニックス教材を用いて，記憶にある言葉を文字に置き換えて，音と文字の結びつきの基本を教える。音声の知識を使って読むことが少しずつでも自分の力でできるようになれば，生徒たちは自分の力で英語に向かうことが可能になっていくだろう。

　また，小学生は絵本の音声を聞くことで，すべてわからなくてもパーツを理解する中で全体を捉えようとする経験をしている。中学校では，文章レベルでパーツを正しく分析しながら理解するその正確さがとかく求められるが，そのことだけが中学校の英語教育ではない。中学校である程度学習が進んだ時点でも，読んだり聞いたりする英語の中に，わからない単語があってもコンテクストなど様々な手掛かりを使って推測していくという，絵本の読み聞かせで培った英語学習経験は今後の英語教育の中で忘れてはならない。また，一つの単語がわからないから，あるいは間違っているかもしれないからと，気おくれせず積極的に英語を使おうとする力をつけなくてはならない。

（2）お互いの授業の参観と中学校教員による小学校英語授業（ステップ2）

　前述した小中の違いとそれぞれのポイントを理解したうえで，お互いの授業を参観することは次のステップとして有効である。参観の視点をいくつかに絞ってから授業を参観する。たとえば小学校の授業を参観するのであれば，どんな教材がどの目標で，どのように指導されているか，また児童はどのように会話を促され実践しているか，読み書きについて具体的に45分の中でどのよう

第13章　小中連携，校内研修，継続的な自己研修について

に指導されているか，などである。中学校の授業を参観するのであれば，英語の専門家としての教員の授業であるので，どんな英語を教員が使用し，どのように教材を提示して小学校で培ったことをどのように発展させているか，英語を英語で理解させる工夫はどのように実施されているか，などであろう。

　お互いの授業を参観したうえでよく実践される連携は，中学校教員が小学生に授業することである。これは中学校教員の出前授業というかたちで実践する学校もあり，これも小中連携の一環といえる。小学校教員にとっては，中学校の英語教員に小学校で授業をやってもらい，それを見ることは様々な点で学びたい部分がある。しかしあくまでも小学校の英語教育の範疇でそれをお願いする場合，中学校教員のほうは，小学校の英語教育が中学校の内容を単に簡単にしたものだと思ってはいけない。

　また，中学校教員が教科専任教師として小学校の英語の授業に参加する実践もあり，このスタイルでのティームティーチングは，中学校教員にとっては，小学校教員が行う授業に実際に参加することで，参観ではわからない部分を理解できるチャンスとなる。小学校教員にとっては，英語授業について日本語で相談したり，英語での指示の言葉を学んだりなど，中学校教員を迎えることは有意義な授業を実践する一助となる。

（3）カリキュラムレベルでの連携（ステップ3）

　小中連携は「カリキュラムレベルでの連携」も視野に入れていかなくてはならない。小学校での学習が中学校で生かされるためには，小学校で何をいつ学び，中学校ではどのように学習内容が発展していくかを双方の教員が理解し，さらに有効な教育内容とその指導法を考えることへとカリキュラムが整えられることが必要である。

　カリキュラムレベルでの連携というのは，単に小中連携という意味にとどまらず，その中学校区の小学校同士の小小連携も含まれる場合が多い。実際には中学校の英語担当者と，その中学校区の小学校の英語の授業に携わる教員の代表が集まって，小中の9年間を見越した英語のカリキュラムについて具体的に

177

計画を立てて実践を目指す。指導内容の確認や授業形態の工夫など，小中，あるいは小小が連携し合うことで，その地区での英語教育が9年間のスパンの中で充実してくる。また，小中一貫校としてのカリキュラムをもって実践している学校もあり，9年間を4・3・2年制などと分けて英語教育を計画・実践している（鈴木，2017，100〜106頁）。小学校の低中学年での活動型の経験が，高学年や中1の教科としての英語につながり，コミュニケーション力を高める英語教育へとする実践である。

　これらを含めて，小中連携を実現するためには，小中双方の教員たちのエネルギーと努力が必要である。具体的に連携を可能にするには双方がそのための準備の時間をつくり，コミュニケーションを取り合い，お互いの違いと良さを認め，できることを模索しなければならない。

（4）その他の小中連携

　児童生徒がその連携事業や交流に参加することも可能である。英語に限らず中学校教員や中学生は小学生の英語学習の助けになったり，小学生は学んだ英語を使って中学生を相手に会話をすることができる。それぞれの中学校区の地理的条件や構成メンバー，また管理職の考え方によって様々な実践が行われているが，本書ではユニークな以下の2つの実践，①中学校教員から6年生へのビデオメッセージ，②小学生が中学生を迎えて行う学校案内を紹介する。

①ある中学校では夏休みの校内研修の時間を使って，翌年入学してくるその地域の3つの小学校の6年生のために，英語のビデオメッセージを作成しDVDにして小学校に配布した。小学校6年生3学期最後の単元の導入として小学校教員が使う教材を，中学校教員がチームになって作成した連携の実践例である。6年生が自分の夢を語ることを学ぶ単元で，4月に入学する予定の中学校教員たちからの英語メッセージを受け取ることで，英語を通して小中が連携して6年生の児童に夢をもたせて中学校へ送り出し，中学校では入学してくることを歓迎していることを示す。小学生のために

第13章 小中連携，校内研修，継続的な自己研修について

図13-1　小学生が中学生を英語で案内する様子

　英語担当者以外の中学校教員も，英語で6年生の児童へ向け，自分の名前・担当教科・好きなこと・小学生のときの夢を語った。小学校児童の中学校英語教育へのソフトランディングをねらうと同時に，教科を超えた小学校の英語教育と中学校との連携の一幕といえる。

②小学校5年生と中学校2年生の連携の一例を紹介しよう。中学生が実際に小学校を訪れて，5年生がグループで中学生を学校案内するという実践である（図13-1）。5年生は中学生を案内すべく英語でのリハーサルを重ねて中学生を迎え，中学生は以前お世話になった先生たちが授業をしている教室を廊下からちらちら見ながら小学生の案内の相手をした。また中学生は小学生のために電子絵本を作成し，実際に小学生を相手に発表した。英語が苦手な中学生も小学生の英語の相手をしっかりすることが求められた。連携の主役が学習者である児童生徒という実践例だ。

　2　　校内研修の取り組み方

（1）研修について考えるべきこと

　この節は校内研修について考える。まず校内で研修されるべきことは授業力向上についてであることは言うまでもない。校内研修は，文部科学省からの様々なことの伝達とその伝達事項を盛り込んだ授業の研修を含めて「授業力向上」を目的にするものと「英語力向上」を目的にするものと大きく2つに分けられる。前者は授業研究を兼ねた校内研修が主であり，後者の研修は，その学

179

校の教員にとって必要な事項について，授業力を支える英語力向上の研修ということになる。

（2）中核教員による授業力向上についての研修

　前出の文部科学省の『小学校外国語活動・外国語研修ガイドブック』指導者編（164〜167頁）に研修の種類や進め方について具体的に提示されており，「校内研修」以外には，文部科学省が主催する「英語教育推進リーダー中央研修」「中核教員研修」があり，そこで研修を受けた教員が中心になりながら「校内研修」を進めることが期待され，その場合の校内研修の進め方も解説されている。たとえば中核教員が研修で学んできたことを盛り込んだ授業を校内で公開し，管理職を含めた全職員で参観して，その授業についての解説を授業者から聞いたり，それについて意見交換などを行う校内研修がある。

　授業後の校内研修で，一人ひとりが意見や感想をもちそれを述べるように工夫すると全員が参加できる研修になる。その方法の1つを以下に紹介する。

①まず全体で授業者の解説を聞いたあとに，学年ごとや，低中高のブロックごとの小グループに分けて，学びになったこと，もっと説明してほしいことや知りたいことについて10分程度話し合ってもらう。少し大きいサイズの2色の付箋を用意し，1つには学びになったこと，わかったこと，もう1つにはわからないから説明してほしいことや知りたいことを，色分けして書いてもらう。

②グループ討議が終わったら，付箋を前の黒板に色分けして貼り，グループからの説明を聞きながら，授業者が答えたり，さらに質問を受けたりする。

　このように運べば全員が意見をもち，グループ内でそれを述べる機会ができる。

　校内研修会で学びを深めるには，意見をもったりそれを述べたりすることが必要である。研修を担当する人はまずそれを考えて場のもち方を工夫する。研

第13章　小中連携，校内研修，継続的な自己研修について

修を受ける人は公開授業を参観した後で自分は何を学び，あるいは何がわからなかったのかを具体的に述べ，伝えるコミュニケーションを心がける必要がある。とかく研修には堅苦しい場面が多くなりがちであるが，もっと学びたくなる研修を目指すとき，時には笑顔もユーモアも必要であろう。研修からの学びが発見できれば授業の改善も進む。そのためには参加する教員一人ひとりは，前向きな態度が必要である。

（3）独自の校内公開授業とその研修

中核教員の公開授業とそれについての研修が年に1回あるだけで校内研修が終わってしまわないように，年間計画の中でいくつかの校内授業公開とその研修を計画することが大切である。たとえば，低中高のブロックで1回は授業公開をして，それについての研修を計画することがあげられる。すべての学年の担任が何らかのかたちで公開授業の計画や実践する側の経験をしながら校内研修を進めていくと，年数を重ねるごとに学校の中での研修の意味は深まるであろうし，必要な教材や英語についての様々な疑問や不安なども話し合われ，その解決の糸口を校内全体で考えていくことができる。実際にその実践を経験した者は「年3回の研究授業を3年間続けると，学校全体がチームとして外国語活動に取り組めるようになり，学校全体の指導力が向上することを何度も経験してきた」（東，2017，93頁）と述べている。

またブロックでなくとも，各学年で英語の教科責任者，あるいは窓口となる担当者を決めて，学年で誰かが代表して授業をするプランを考え，当該の時間は他のクラスは自習にしたり早く下校させたりして学年の担任全員が授業を見る研修もよく行われる。校内には各教科の研究員がいる場合が多いので，英語研究員が助言を与えながら授業を計画し，事後の研修は全員が参加する校内研修会を開く。補助金などがあるときは有識者を呼んで，中学校区や市内全域の小学校に声をかけて研究会を計画・実施するのも有効である。

（4）英語力向上の校内研修

　小学校教員にとって大切なのは「英語を使う」研修である。具体的には教室英語やティーチャートーク，また発音やイントネーションについての研修である。講師を外部から呼んできて行う研修もあるし，なんらかの教材を用いての研修もある。大切なのは実際に一人ひとりの教員が英語を発する場面があることである。日本人同士で英語を発するのは，大人は子どもより抵抗感があるかもしれないが，工夫次第で参加者のハードルを下げながら英語を聞いたり話したりする研修も可能である。以下はその実践例である。

①教員をグループに分け，実際に5・6年生の教材を使って会話を続けることをする。わからない単語はジェスチャーや絵など，言語以外のものを駆使して伝える経験をする。好きな動物・行きたい国・好きな食べ物・できることとできないことなどを述べるだけでも，共感や驚きとともに英語を学ぶことができる。

②実際に授業で使う教室英語をピックアップして発音を確認したあと，グループで教師役と児童役に分かれて実際に発話する。その際に発音だけではなく，どんなスピードで話したら相手に届く指示になるか，指示の内容にふさわしいジェスチャーや表情はどんなものか，間違えてしまったときはどうしたらよいかなど，具体的な場面を話し合ってそのシミュレーションをしたり，グループごとに場面設定をして教室英語を使用した場面の発表をする。

③ALTが来校する日の午後4時からの15分間は職員室でALTとの「英語でおしゃべりタイム」を実施する。もちろんALTの協力が必要であるが，協力してもらえるのであれば，それはALTにとっても職員室での人間関係を築くことができる。事前に話題（趣味，その地域のこと，ALTからの質問など）を決め，全職員に連絡しておき，4時になったら参加可能な人が職員室の一角に集まって，お茶を片手に英語でのおしゃべりを楽しむ。回数を重ねることで，校内で教員が英語に接する機会を確保していくことに

第13章　小中連携，校内研修，継続的な自己研修について

なる。また，学校全体で ALT を隣人や同僚として迎えることにも役立つ。

④学期ごとに教員全員が英語の歌を 1 曲歌えるようになることを目標に，毎週 1 回，朝の職員朝会で英語の歌の練習を 5 分間取り入れる。歌は低中高の教員から 1 曲提案してもらい歌詞カードを用意してもらう。発音は，ALT が来たときにアドバイスをもらい全員で英語の歌のレパートリーを増やしていく。

　授業についての研修から始まり，教員一人ひとりの英語のスキルアップまでを校内で研修していくには，まずそれについての共通理解と合意が必要である。できる限りの努力と協力で英語の授業参観を通しての意見交換や自ら英語を話したり聞いたりする「場」としての学校をつくり上げていくことは，英語教育をさらによいものにしていける。前出の③や④の研修方法はとくにまとまった時間をつくらずとも実践できる。校内研修により，教員たちが授業や英語についての研鑽を深めることで学校全体の英語教育が充実したものになっていくはずだ。

3 継続的な自己研修のために

（ 1 ）続けることの難しさとその価値

　校内研修のみならず，英語の自己研修は必要である。大学を離れ英語の授業を受けることもなくなり，教育現場の日々の仕事に追われながらの自己研修は容易ではない。しかし研修なしに児童の前に立ち英語を教えることは望ましいはずがなく，少しでも自分の英語力を磨き，向上させることに努力していかなければならない。そのためにはどのようなことが必要なのだろうか。

　勤務時間を越えての仕事が多い中で，英語について自分の研修の計画を立て実施し，それを続けることは決して簡単ではない。継続させるための方法は 2 つある。一つは自分以外の管理の場に自分をおいて自己研修を課すやり方である。これは週に 1 回程度，どこかに英語を習いに行くことに代表される。費用

183

がかかり，行事や都合で行けないことがあるにせよ，行った先では教材や会話の相手が保証されて学ぶことができる。

　二つ目は自己管理において研修を工夫することである。これはインターネットやSNSが発達した昨今ではいろいろなことが考えられるが，それとともに職場の同僚を誘いながら一緒に学びを続けることも可能である。ALTが学校にいる日が決まっているのであれば，自分であらかじめ話しかける内容を決め少し用意して相手をしてもらうことも可能であろう。また同僚の何人かで曜日を決めて5分間や10分間，児童がそのときに学んでいる英語学習のテーマについて何らかの会話を英語でしようと計画して実施するのもよい。このように「学校にいながらにして」英語の自己研修に努めることは，すぐに諦めることさえしなければ継続しやすい方法になる。また自分でインターネットを使って英語の研鑽を積むことも一つの方法であり，通勤中に英語を聞く，夜の5分間でも自宅で英語の動画を理解しようという意識をもって観るといった研修も可能である。

　どのような自己研修であれ，続けるためのポイントは「自分が楽しめる」要素があるということだ。もちろん辛さと忍耐を乗り越えて得るものもあるが，自己研修を続けていくには「楽しい」と感じられることが必要である。それには自分が好きな分野についての「英語バージョン」を求めればよい。サッカーが好きならばその英語サイトを探して，写真の下のキャプションや記事のタイトルだけを読むことをまず始める。世界遺産が好きならば，その英語名を覚える。洋楽が好きならば歌える曲を増やしていく。

　ただ自己研修というと，外部の何らかの組織に英語を学びに行くこと以外は「聞くこと」や「読むこと」が多くなる。もちろんそれらは大切であるが，どこかの時点で「発信する」つまり「話すこと」を自分に課す工夫が必要となる。「そんな相手は自分にはいない」と思うかもしれないが，まずは自分の周りを見回すことが必要だ。ALTに声はかけられないだろうか，同僚を少しの英会話に誘えないだろうか。発音がよくわからないのであれば，それを質問する英語を考えてALTにたずねることもできるし，英語が得意な教員に日本語でた

184

第13章　小中連携，校内研修，継続的な自己研修について

ずねればよい。聞いたり読んだりするだけではなく，常に「発信」する方法，「発信」する場面を自分から見つけたりつくり出す前向きな態度は英語上達の大切な要素である。仮に間違えたとしてもそこから得る気づきはたくさんあり，発信の経験は必ず自分の力となって蓄えられる。

（2）自己研修の教材やツール

　小学校英語教育に関する専門書や教育雑誌を探して読むことは明日からでも可能である。英語が得意だったり英語学習が好きならばインターネットや参考書を使ってすぐに自己研修を始められる。英語に苦手意識があり，どのようにして始めればよいかわからない場合，たとえばブリティッシュ・カウンシルは無料英語学習サイトを提供しているので，それを利用してはどうだろう（https://www.britishcouncil.jp/english/learn-online/websites）。このサイトの中の「こども英会話」というカテゴリーでは実にいろいろなことを動画で学ぶことができる。あるいは，ユーチューブで「文科省英語」と検索すると，スモールトークやクラスルーム・イングリッシュの音声例がスクリプトと一緒に提示され，自己研修に活用できる。それ以外でも「英語学習」や「英語発音」で検索すると，様々なサイトが紹介されるので，自分が学びたいテーマを見つけて学習を続けられる。教室で紹介したい英語の絵本もユーチューブなどで，ネイティブが音読しているサイトや，スクリプトつきで音声が流れるサイトがあるので参考になる。絵本のタイトルで検索してみるとよい。絵本の読み聞かせを考えるときの自己研修にはとても有効な研修手段だ。

　また，英語を学べる研修についてのアンテナを張ることも大切である。各自治体や小学校英語に関する学会や自主研究グループ等では長期休暇や週末を使って様々なセミナーを開いている。それらは教育委員会や教育センターからの広報，また教育雑誌，学会やグループのウェブサイトで情報を得られる。

　最後に，本書で小学校英語を学ぶ一人ひとりが，楽しみながら英語に触れる機会を自分からつくるためにスケジュールや時間をじょうずに管理しつつ，児童の前に立ち自分が英語を話す姿を想像しながら，自己の失敗や未熟さも受け

185

入れて，小学校外国語教育について前向きに進もうとする自分自身を育ててい
くことを願ってやまない。英語教育について語り，前向きに英語を話そうとす
る先生を前にした児童はきっと「英語をもっと学びたい！」と思うに違いない。

引用・参考文献

鈴木菜津美（2017）「東京都品川区立尾山台小学校」吉田研作編『小学校英語教科化
　　への対応と実践プラン』教育開発研究所，100〜106頁。

東仁美（2017）「校内研修の機会と内容について考えよう」吉田研作編『小学校英語
　　教科化への対応と実践プラン』教育開発研究所，93〜97頁。

文部科学省（2017c）『小学校外国語活動・外国語研修ガイドブック』。

学習の課題

(1)　小中連携について，小中の教員が相互に理解しておかなければならないことを
　　話し合い，それを理解したあとで，授業参観，授業参加以外にどのような連携を
　　工夫できるか自由に討論しなさい。

(2)　校内研修について，研修を受ける立場としてはどのような研修を受けたいか，
　　またそれはなぜか，自由に討論しなさい。

(3)　自己研修について，自分の好きな分野を利用して継続可能な英語の研修を工夫
　　するとし，具体的にその計画を立てなさい。

【さらに学びたい人のための図書】

吉田研作編（2017）『小学校英語教科化への対応と実践プラン』教育開発研究所。
　　　⇨校内研修を含む小学校英語教育の全般についての解説や小中連携について様々
　　　な地域での実践報告がある。

吉田新一郎（2006）『効果10倍の〈教える〉技術　授業から企業研修まで』PHP 研究
　　所。
　　　⇨研修そのものについて，どのような研修が望ましいかの具体的な説明，またそ
　　　れを実施するためのアイデアが紹介されている。

酒井英樹（2014）『小学校の外国語活動　基本の「き」』大修館書店。
　　　⇨この一冊を読むだけで十分な自己研修になる。

　　　　　　　　　　　　　　　　　　　　　　　　　　　　　　　（横田玲子）

小学校学習指導要領
第2章　第10節　外国語

第1　目　標

外国語によるコミュニケーションにおける見方・考え方を働かせ，外国語による聞くこと，読むこと，話すこと，書くことの言語活動を通して，コミュニケーションを図る基礎となる資質・能力を次のとおり育成することを目指す。

(1) 外国語の音声や文字，語彙，表現，文構造，言語の働きなどについて，日本語と外国語との違いに気付き，これらの知識を理解するとともに，読むこと，書くことに慣れ親しみ，聞くこと，読むこと，話すこと，書くことによる実際のコミュニケーションにおいて活用できる基礎的な技能を身に付けるようにする。

(2) コミュニケーションを行う目的や場面，状況などに応じて，身近で簡単な事柄について，聞いたり話したりするとともに，音声で十分に慣れ親しんだ外国語の語彙や基本的な表現を推測しながら読んだり，語順を意識しながら書いたりして，自分の考えや気持ちなどを伝え合うことができる基礎的な力を養う。

(3) 外国語の背景にある文化に対する理解を深め，他者に配慮しながら，主体的に外国語を用いてコミュニケーションを図ろうとする態度を養う。

第2　各言語の目標及び内容等

英　語

1　目　標

英語学習の特質を踏まえ，以下に示す，聞くこと，読むこと，話すこと［やり取り］，話すこと［発表］，書くことの五つの領域別に設定する目標の実現を目指した指導を通して，第1の(1)及び(2)に示す資質・能力を一体的に育成するとともに，その過程を通して，第1の(3)に示す資質・能力を育成する。

(1) 聞くこと

ア　ゆっくりはっきりと話されれば，自分のことや身近で簡単な事柄について，簡単な語句や基本的な表現を聞き取ることができるようにする。

イ　ゆっくりはっきりと話されれば，日常生活に関する身近で簡単な事柄について，具体的な情報を聞き取ることができるようにする。

ウ　ゆっくりはっきりと話されれば，日常生活に関する身近で簡単な事柄について，短い話の概要を捉えることができるようにする。

(2) 読むこと

ア　活字体で書かれた文字を識別し，その読み方を発音することができるようにする。

イ　音声で十分に慣れ親しんだ簡単な語句や基本的な表現の意味が分かるようにする。

(3) 話すこと［やり取り］

ア　基本的な表現を用いて指示，依頼をしたり，それらに応じたりすることができるようにする。

イ　日常生活に関する身近で簡単な事柄について，自分の考えや気持ちなどを，簡単な語句や基本的な表現を用いて伝え合うことができるようにする。

ウ　自分や相手のこと及び身の回りの物に関する事柄について，簡単な語句や基本的な表現を用いてその場で質問をしたり質問に答えたりして，伝え合うことができるようにする。

(4) 話すこと［発表］

ア　日常生活に関する身近で簡単な事柄について，簡単な語句や基本的な表現を用いて話すことができるようにする。

イ　自分のことについて，伝えようとする内容を整理した上で，簡単な語句や基本的な表現を用いて話すことができるようにする。

ウ　身近で簡単な事柄について，伝えようとする内容を整理した上で，自分の考えや気持ちなどを，簡単な語句や基本的な表現を用いて話すことができるようにする。

(5) 書くこと

ア　大文字，小文字を活字体で書くことができるようにする。また，語順を意識しながら音声で十分に慣れ親しんだ簡単な語句や基本的な表現を書き写すことができるようにする。

イ　自分のことや身近で簡単な事柄について，例文を参考に，音声で十分に慣れ親しんだ簡単な語句や基本的な表現を用いて書くことが

187

できるようにする。

2 内 容

〔第5学年及び第6学年〕

〔知識及び技能〕

(1) 英語の特徴やきまりに関する事項

実際に英語を用いた言語活動を通して，次に示す言語材料のうち，1に示す五つの領域別の目標を達成するのにふさわしいものについて理解するとともに，言語材料と言語活動とを効果的に関連付け，実際のコミュニケーションにおいて活用できる技能を身に付けることができるよう指導する。

ア 音声

次に示す事項のうち基本的な語や句，文について取り扱うこと。

(ア) 現代の標準的な発音

(イ) 語と語の連結による音の変化

(ウ) 語や句，文における基本的な強勢

(エ) 文における基本的なイントネーション

(オ) 文における基本的な区切り

イ 文字及び符号

(ア) 活字体の大文字，小文字

(イ) 終止符や疑問符，コンマなどの基本的な符号

ウ 語，連語及び慣用表現

(ア) 1に示す五つの領域別の目標を達成するために必要となる，第3学年及び第4学年において第4章外国語活動を履修する際に取り扱った語を含む600～700語程度の語

(イ) 連語のうち，get up，look at などの活用頻度の高い基本的なもの

(ウ) 慣用表現のうち，excuse me，I see，I'm sorry，thank you，you're welcome などの活用頻度の高い基本的なもの

エ 文及び文構造

次に示す事項について，日本語と英語の語順の違い等に気付かせるとともに，基本的な表現として，意味のある文脈でのコミュニケーションの中で繰り返し触れることを通して活用すること。

(ア) 文

a 単文

b 肯定，否定の平叙文

c 肯定，否定の命令文

d 疑問文のうち，be動詞で始まるものや助動詞（can，do など）で始まるもの，疑問詞（who，what，when，where，why，how）で始まるもの

e 代名詞のうち，I，you，he，she などの基本的なものを含むもの

f 動名詞や過去形のうち，活用頻度の高い基本的なものを含むもの

(イ) 文構造

a ［主語＋動詞］

b ［主語＋動詞＋補語］のうち，

$$主語＋be動詞＋\left\{\begin{array}{l}名詞\\代名詞\\形容詞\end{array}\right\}$$

c ［主語＋動詞＋目的語］のうち，

$$主語＋動詞＋\left\{\begin{array}{l}名詞\\代名詞\end{array}\right\}$$

〔思考力，判断力，表現力等〕

(2) 情報を整理しながら考えなどを形成し，英語で表現したり，伝え合ったりすることに関する事項

具体的な課題等を設定し，コミュニケーションを行う目的や場面，状況などに応じて，情報を整理しながら考えなどを形成し，これらを表現することを通して，次の事項を身に付けることができるよう指導する。

ア 身近で簡単な事柄について，伝えようとする内容を整理した上で，簡単な語句や基本的な表現を用いて，自分の考えや気持ちなどを伝え合うこと。

イ 身近で簡単な事柄について，音声で十分に慣れ親しんだ簡単な語句や基本的な表現を推測しながら読んだり，語順を意識しながら書いたりすること。

(3) 言語活動及び言語の働きに関する事項

① 言語活動に関する事項

(2)に示す事項については，(1)に示す事項を活用して，例えば次のような言語活動を通して指導する。

ア 聞くこと

資　料

(ｱ) 自分のことや学校生活など，身近で簡単な事柄について，簡単な語句や基本的な表現を聞いて，それらを表すイラストや写真などと結び付ける活動。

(ｲ) 日付や時刻，値段などを表す表現など，日常生活に関する身近で簡単な事柄について，具体的な情報を聞き取る活動。

(ｳ) 友達や家族，学校生活など，身近で簡単な事柄について，簡単な語句や基本的な表現で話される短い会話や説明を，イラストや写真などを参考にしながら聞いて，必要な情報を得る活動。

イ　読むこと

(ｱ) 活字体で書かれた文字を見て，どの文字であるかやその文字が大文字であるか小文字であるかを識別する活動。

(ｲ) 活字体で書かれた文字を見て，その読み方を適切に発音する活動。

(ｳ) 日常生活に関する身近で簡単な事柄を内容とする掲示やパンフレットなどから，自分が必要とする情報を得る活動。

(ｴ) 音声で十分に慣れ親しんだ簡単な語句や基本的な表現を，絵本などの中から識別する活動。

ウ　話すこと［やり取り］

(ｱ) 初対面の人や知り合いと挨拶を交わしたり，相手に指示や依頼をして，それらに応じたり断ったりする活動。

(ｲ) 日常生活に関する身近で簡単な事柄について，自分の考えや気持ちなどを伝えたり，簡単な質問をしたり質問に答えたりして伝え合う活動。

(ｳ) 自分に関する簡単な質問に対してその場で答えたり，相手に関する簡単な質問をその場でしたりして，短い会話をする活動。

エ　話すこと［発表］

(ｱ) 時刻や日時，場所など，日常生活に関する身近で簡単な事柄を話す活動。

(ｲ) 簡単な語句や基本的な表現を用いて，自分の趣味や得意なことなどを含めた自己紹介をする活動。

(ｳ) 簡単な語句や基本的な表現を用いて，学

校生活や地域に関することなど，身近で簡単な事柄について，自分の考えや気持ちなどを話す活動。

オ　書くこと

(ｱ) 文字の読み方が発音されるのを聞いて，活字体の大文字，小文字を書く活動。

(ｲ) 相手に伝えるなどの目的を持って，身近で簡単な事柄について，音声で十分に慣れ親しんだ簡単な語句を書き写す活動。

(ｳ) 相手に伝えるなどの目的を持って，語と語の区切りに注意して，身近で簡単な事柄について，音声で十分に慣れ親しんだ基本的な表現を書き写す活動。

(ｴ) 相手に伝えるなどの目的を持って，名前や年齢，趣味，好き嫌いなど，自分に関する簡単な事柄について，音声で十分に慣れ親しんだ簡単な語句や基本的な表現を用いた例の中から言葉を選んで書く活動。

②　言語の働きに関する事項

言語活動を行うに当たり，主として次に示すような言語の使用場面や言語の働きを取り上げるようにする。

ア　言語の使用場面の例

(ｱ) 児童の身近な暮らしに関わる場面
  ・ 家庭での生活　　・ 学校での学習や活動
  ・ 地域の行事　　など

(ｲ) 特有の表現がよく使われる場面
  ・ 挨拶　　・ 自己紹介　　・ 買物
  ・ 食事　　・ 道案内　　・ 旅行 など

イ　言語の働きの例

(ｱ) コミュニケーションを円滑にする
  ・ 挨拶をする　　・ 呼び掛ける
  ・ 相づちを打つ　　・ 聞き直す
  ・ 繰り返す　など

(ｲ) 気持ちを伝える
  ・ 礼を言う　　・ 褒める　　・ 謝る　など

(ｳ) 事実・情報を伝える
  ・ 説明する　　・ 報告する
  ・ 発表する　など

(ｴ) 考えや意図を伝える
  ・ 申し出る　　・ 意見を言う
  ・ 賛成する　　・ 承諾する

- 断る など
(ｳ) 相手の行動を促す
- 質問する   ・ 依頼する
- 命令する など
3 指導計画の作成と内容の取扱い
(1) 指導計画の作成に当たっては，第3学年及び第4学年並びに中学校及び高等学校における指導との接続に留意しながら，次の事項に配慮するものとする。
ア 単元など内容や時間のまとまりを見通して，その中で育む資質・能力の育成に向けて，児童の主体的・対話的で深い学びの実現を図るようにすること。その際，具体的な課題等を設定し，児童が外国語によるコミュニケーションにおける見方・考え方を働かせながら，コミュニケーションの目的や場面，状況などを意識して活動を行い，英語の音声や語彙，表現などの知識を，五つの領域における実際のコミュニケーションにおいて活用する学習の充実を図ること。
イ 学年ごとの目標を適切に定め，2学年間を通じて外国語科の目標の実現を図るようにすること。
ウ 実際に英語を使用して互いの考えや気持ちを伝え合うなどの言語活動を行う際は，2の(1)に示す言語材料について理解したり練習したりするための指導を必要に応じて行うこと。また，第3学年及び第4学年において第4章外国語活動を履修する際に扱った簡単な語句や基本的な表現などの学習内容を繰り返し指導し定着を図ること。
エ 児童が英語に多く触れることが期待される英語学習の特質を踏まえ，必要に応じて，特定の事項を取り上げて第1章総則の第2の3の(2)のウの(イ)に掲げる指導を行うことにより，指導の効果を高めるよう工夫すること。このような指導を行う場合には，当該指導のねらいやそれを関連付けて指導を行う事項との関係を明確にするとともに，単元など内容や時間のまとまりを見通して，資質・能力が偏りなく育成されるよう計画的に指導すること。

オ 言語活動で扱う題材は，児童の興味・関心に合ったものとし，国語科や音楽科，図画工作科など，他の教科等で児童が学習したことを活用したり，学校行事で扱う内容と関連付けたりするなどの工夫をすること。
カ 障害のある児童などについては，学習活動を行う場合に生じる困難さに応じた指導内容や指導方法の工夫を計画的，組織的に行うこと。
キ 学級担任の教師又は外国語を担当する教師が指導計画を作成し，授業を実施するに当たっては，ネイティブ・スピーカーや英語が堪能な地域人材などの協力を得る等，指導体制の充実を図るとともに，指導方法の工夫を行うこと。
(2) 2の内容の取扱いについては，次の事項に配慮するものとする。
ア 2の(1)に示す言語材料については，平易なものから難しいものへと段階的に指導すること。また，児童の発達の段階に応じて，聞いたり読んだりすることを通して意味を理解できるように指導すべき事項と，話したり書いたりして表現できるように指導すべき事項とがあることに留意すること。
イ 音声指導に当たっては，日本語との違いに留意しながら，発音練習などを通して2の(1)のアに示す言語材料を指導すること。また，音声と文字とを関連付けて指導すること。
ウ 文や文構造の指導に当たっては，次の事項に留意すること。
(ｱ) 児童が日本語と英語との語順等の違いや，関連のある文や文構造のまとまりを認識できるようにするために，効果的な指導ができるよう工夫すること。
(ｲ) 文法の用語や用法の指導に偏ることがないよう配慮して，言語活動と効果的に関連付けて指導すること。
エ 身近で簡単な事柄について，友達に質問をしたり質問に答えたりする力を育成するため，ペア・ワーク，グループ・ワークなどの学習形態について適宜工夫すること。その際，他者とコミュニケーションを行うことに課題が

資　料

ある児童については，個々の児童の特性に応じて指導内容や指導方法を工夫すること。

オ　児童が身に付けるべき資質・能力や児童の実態，教材の内容などに応じて，視聴覚教材やコンピュータ，情報通信ネットワーク，教育機器などを有効活用し，児童の興味・関心をより高め，指導の効率化や言語活動の更なる充実を図るようにすること。

カ　各単元や各時間の指導に当たっては，コミュニケーションを行う目的，場面，状況などを明確に設定し，言語活動を通して育成すべき資質・能力を明確に示すことにより，児童が学習の見通しを立てたり，振り返ったりすることができるようにすること。

(3)　教材については，次の事項に留意するものとする。

ア　教材は，聞くこと，読むこと，話すこと[やり取り]，話すこと[発表]，書くことなどのコミュニケーションを図る基礎となる資質・能力を総合的に育成するため，1に示す五つの領域別の目標と2に示す内容との関係について，単元など内容や時間のまとまりごとに各教材の中で明確に示すとともに，実際の言語の使用場面や言語の働きに十分配慮した題材を取り上げること。

イ　英語を使用している人々を中心とする世界の人々や日本人の日常生活，風俗習慣，物語，地理，歴史，伝統文化，自然などに関するものの中から，児童の発達の段階や興味・関心に即して適切な題材を変化をもたせて取り上げるものとし，次の観点に配慮すること。

(ｱ)　多様な考え方に対する理解を深めさせ，公正な判断力を養い豊かな心情を育てることに役立つこと。

(ｲ)　我が国の文化や，英語の背景にある文化に対する関心を高め，理解を深めようとする態度を養うことに役立つこと。

(ｳ)　広い視野から国際理解を深め，国際社会と向き合うことが求められている我が国の一員としての自覚を高めるとともに，国際協調の精神を養うことに役立つこと。

その他の外国語

その他の外国語については，英語の1に示す五つの領域別の目標，2に示す内容及び3に示す指導計画の作成と内容の取扱いに準じて指導を行うものとする。

第3　指導計画の作成と内容の取扱い

1　外国語科においては，英語を履修させることを原則とすること。

2　第1章総則の第1の2の(2)に示す道徳教育の目標に基づき，道徳科などとの関連を考慮しながら，第3章特別の教科道徳の第2に示す内容について，外国語科の特質に応じて適切な指導をすること。

索　引
（＊は人名）

あ　行

アジア　21
アルファベット　78
アルファベットジングル　78
1時間の授業の流れ　148
異文化理解　118
意味あるやり取り　138
意味の交渉　9
韻（rhyme）　104
インタラクション　9
インフォメーション・ギャップ活動　37
インプット　130,143
ウォームアップ（Warm-up）　83,148
歌　90
歌のリスト　86
英語特有の音やリズム　73
『英語ノート1, 2』　2
英語の手遊び歌やチャンツ　72
絵本　73,90
絵本読み聞かせ活動　78
音と文字の対応　78
帯活動　53,96
音韻認識　104
音声インプット　116,123
音声中心　72
音素の認識　94

か　行

外国語科　89
外国語活動　89
格差　26
学習指導案の役割　150
学会　185
活動型　178
カナルのモデル　33
カリキュラム・マネジメント　51
韓国　21

管理職　178
聞く力　74
気づくことのできるインプット（noticed input）　146
機能知識　34
帰納的な学習　12
教科専任教師　177
教材の選び方　85
教師の発話　138
教師の話す英語　73
クラスルーム・イングリッシュ　67,131
クロス・カリキュラム　53
形成的評価（formative assessment）　160
言語材料　136
検定教科書　89
公開授業　181
行動主義言語学　7
校内研修　179
国際理解　2
語順　94
コミュニケーション　88
コミュニケーション重視の指導法（CLT）　24
コミュニケーション能力　31

さ　行

資格　17
視覚教材　140
視覚補助　133
刺激―反応―強化　7
思考力・判断力・表現力　96,161
自己決定理論　10
自己研修　183
自己評価　161
自己表現　116
指導案の形式・構成　152
自動化　147
指導細案　153
指導者　17

指導と評価の一体化　161
指導評価計画　153
社会経済背景　26
社会言語能力　33
授業形態　178
授業時間数　15
小中連携　174
自律的な学習　118
新学習指導要領　88
新学習内容の導入（Introduction of new materials）149
スモールトーク　69,75,90,96,132
成熟による制限　11
相違点　99
総括的評価（summative assessment）160
総合的な学習の時間　2,54
双方向のやり取り　140

た 行

第2言語習得の認知プロセス　145
台湾　21
タスク　10,138
タスク・ベースの教授法（TBLT）24
単元目標　84
短時間学習　52
談話能力　33
知識及び技能　96
知的興味　91
チャンツ　90
中核教員　180
中国　21
ティーチャートーク　69,132,138
ティーチャートークの調整例　142
ティームティーチング　98,140
低中学年における文字の指導　78
テクノロジー　24
デモンストレーション　136
導入開始学年　15
導入場面　134

な 行

内在化　145,146

内発的な動機　9
内発的な動機づけ　10
日本人教師の役割　142
ネイティブ教師の役割　142

は 行

発音・プロソディ　59
バックマンとパーマーのモデル　34
発達段階　120
発表　48,79,92
話すこと　79
反復練習　79
必然性　143
フォーム　9
フォニックス　104,176
復習（Review）149
普遍文法（Universal Grammer）7
振り返りカード　97
振り返りシート　112
文法能力　33
方略能力　33
ポートフォリオ　112
ポートフォリオ評価（Portfolio Assessment）168
香港　21
本時のテーマ　83

ま 行

まとめ（Consolidation）149
学びに向かう力，人間性等　96
メタ言語　12
メタ認知　120
目標設定　83
目標と評価　153
文字　94
文字認識　116

や 行

やり取り　48,79,92,136,139,141
ヨーロッパ言語共通参照枠　18
読み書き　93
読み聞かせ　92

索　引

4 技能　175
4 線　94

ら　行

＊リクソン　15
領域　89
臨界期　11
リンガフランカ（Lingua franca）　59
ルーブリック（rubric）　169
レアリア（実物）　115
練習（Practice）　149
ローマ字指導　107

欧　文

ALT　91, 98, 140
Backward Design　147, 148

CAN-DO　19
CAN-DO List　147
EFL　4
English as a foreign language（EFL）　4
English as a second language（ESL）　4
ESL　4
『Hi, friends ! 1, 2』　2
i + 1　9
ICT 機器　115, 125
interlanguage（中間言語）　9
L 1　7
Let's talk　43
『Let's Try ! 1, 2』　47
PDCA サイクル　159
TT　135, 140
『We Can ! 1, 2』　2

195

監修者

原 清治 （佛教大学副学長・教育学部教授）

春日井敏之 （立命館大学大学院教職研究科教授）

篠原正典 （佛教大学教育学部教授）

森田真樹 （立命館大学大学院教職研究科教授）

執筆者紹介（所属，執筆分担，執筆順，＊は編者）

＊湯川笑子 （編著者紹介参照：はじめに・第1，3章）

バトラー後藤裕子 （ペンシルバニア大学教育大学院言語教育学部教授：第2章）

山本玲子 （京都外国語大学・京都外国語短期大学キャリア英語科教授：第4，5章）

小柴和香 （四天王寺大学教育学部講師：第6章）

浦谷淳子 （浜松学院大学現代コミュニケーション学部非常勤講師：第7章）

赤沢真世 （佛教大学教育学部准教授：第8，12章）

阿部始子 （東京学芸大学教育学部准教授：第9章）

三ツ木由佳 （立命館小学校英語科主任：第10章）

杉本義美 （京都外国語大学外国語学部教授：第11章）

横田玲子 （神戸市外国語大学外国語学部教授：第13章）

編著者紹介

湯川　笑子（ゆかわ・えみこ）

1954年　生まれ。

現　在　立命館大学文学部特命教授。

主　著　『L1 Japanese Attrition and Regaining : Three case studies of two early bilingual children (Studies in Japanese Linguistics)』くろしお出版 1998年。

『バイリンガルを育てる──0歳からの英語教育』くろしお出版 2000年。

『小学校英語で身につくコミュニケーション能力』（共著）三省堂，2009年。

異文化間教育学体系『異文化間教育のとらえ直し』（共著）明石書店，2016年。

新しい教職教育講座　教科教育編⑩
初等外国語教育

2018年 3 月31日	初版第 1 刷発行	〈検印省略〉
2022年 7 月10日	初版第 3 刷発行	

定価はカバーに
表示しています

監 修 者	原　清治/春日井敏之 篠原正典/森田真樹
編 著 者	湯　川　笑　子
発 行 者	杉　田　啓　三
印 刷 者	坂　本　喜　杏

発行所　株式会社　ミネルヴァ書房
607-8494　京都市山科区日ノ岡堤谷町 1
電話代表（075）581-5191
振替口座　01020-0-8076

ⓒ湯川ほか，2018　　　冨山房インターナショナル・藤沢製本

ISBN 978-4-623-08206-3

Printed in Japan

新しい教職教育講座

原 清治・春日井敏之・篠原正典・森田真樹 監修

全23巻

（Ａ５判・並製・各巻平均220頁・各巻2000円（税別））

教職教育編

① 教育原論　　　　　　　　　　　山内清郎・原 清治・春日井敏之 編著
② 教職論　　　　　　　　　　　　　久保富三夫・砂田信夫 編著
③ 教育社会学　　　　　　　　　　　　原 清治・山内乾史 編著
④ 教育心理学　　　　　　　　　　　　神藤貴昭・橋本憲尚 編著
⑤ 特別支援教育　　　　　　　　　　　原 幸一・堀家由妃代 編著
⑥ 教育課程・教育評価　　　　　　　　細尾萌子・田中耕治 編著
⑦ 道徳教育　　　　　　　　　　　　　荒木寿友・藤井基貴 編著
⑧ 総合的な学習の時間　　　　　　　　森田真樹・篠原正典 編著
⑨ 特別活動　　　　　　　　　　　　　　中村 豊・原 清治 編著
⑩ 教育の方法と技術　　　　　　　　　篠原正典・荒木寿友 編著
⑪ 生徒指導・進路指導　　　　　　　　春日井敏之・山岡雅博 編著
⑫ 教育相談　　　　　　　　　　　　　春日井敏之・渡邉照美 編著
⑬ 教育実習・学校体験活動　　　　　　　小林 隆・森田真樹 編著

教科教育編

① 初等国語科教育　　　　　　　　　　井上雅彦・青砥弘幸 編著
② 初等社会科教育　　　　　　　　　　　中西 仁・小林 隆 編著
③ 算数科教育　　　　　　　岡本尚子・二澤善紀・月岡卓也 編著
④ 初等理科教育　　　　　　　　　　　山下芳樹・平田豊誠 編著
⑤ 生活科教育　　　　　　　　　　　　鎌倉 博・船越 勝 編著
⑥ 初等音楽科教育　　　　　　　　　　　　　　高見仁志 編著
⑦ 図画工作科教育　　　　　　　　　　波多野達二・三宅茂夫 編著
⑧ 初等家庭科教育　　　　　　　　　　三沢徳枝・勝田映子 編著
⑨ 初等体育科教育　　　　　　　　　　石田智巳・山口孝治 編著
⑩ 初等外国語教育　　　　　　　　　　　　　　湯川笑子 編著

———— ミネルヴァ書房 ————
https://www.minervashobo.co.jp/